JN422762

유아수학교육

이 책은 저작권법에 따라 보호받는 저작물이므로 무단전재와 무단복제를 금지하며, 이 책 내용의 전부 또는 일부를 이용하려면 반드시 저작권자와 동문사의 서면동의를 받아야 합니다. 무단전재나 무단복제 행위는 저작권법 제136조(벌칙)에 의거, 5년 이하의 징역 또는 5천만 원 이하의 벌금에 처하거나 이를 병과할 수 있습니다.

유아수학교육

계영희 · 하연희 · 윤혜원 · 현혜정 공저

Mathematics
Education
For Young Children

동 문 사

머리말

현재 우리사회는 각 분야마다 심한 몸살을 앓고 있다. 여기저기서 병리적 현상이 발생하고 있다. 가장 시급한 처방과 개혁이 필요한 분야 중 하나가 수학교육이다. 청소년들의 학교부적응 요인 중 가장 큰 비중을 차지하고 있는 것이 수학이며, 4차 산업혁명의 시대에 국가경쟁력과 직결되는 것도 수학이다. 청소년들은 수학공부가 싫어서 분노조절장애를 일으키며 학교폭력과 왕따의 문제를 발생시키고 있다.

2013년 비OECD 국가를 포함하여 65개국의 청소년의 학업성취도 평가인 PISA(Programme for International Student Assessment)에서 우리나라는 수학 1위, 읽기 1~2위, 과학 2~4위를 기록하여 우수성을 자랑했다. 그러나 수학에 대한 흥미나 즐거움의 척도인 '내적동기'는 58위, 과제를 성공적으로 수행할 수 있는 '자아 효능감'은 62위, 수학적 능력에 대한 믿음인 '자아개념'은 63위였다. 교육부는 <2015 개정 수학교육과정>에서 성취도 기준을 20% 줄였다. 수학자와 수학교육전문가들은 국가경쟁력을 위하여 성취도 기준을 줄이는 것은 위험한 발상이라고 주장했으나 학부모와 교사들은 수학을 포기한 학생들이 많은 현실을 지적하면서 성취도 감소가 그래도 미흡하다는 입장이었다.

2018년 PISA 결과에서는 읽기 2~7위, 수학 1~4위, 과학 3~5위로 상위 수준이지만 수학과 과학에서 일본에게 뒤처졌다. 일본이 유토리(ゆとり)교육을 시행하다가 학력저하를 보이자 철회하더니 한국을 앞지른 것이다. 우리나라 학생들에게 '요즘 자신의 전반적인 삶에 얼마나 만족합니까?'라는 심리상태를 물었다. 2015년에 비해 약간 만족감이 증가하였지만 여전히 OECD 평균보다는 낮다. 우리 학생들이 성취도 점수는 높아도 심리적으로 안정감이 부족한 것이 여실히 드러나고 있다. 주목해야 할 것은 유아교육의 현장교사들은 대부분 수학과 관련 없어 보이는 유아교육

을 전공한 이들로 중·고등학교 때 수포자들이 많다는 사실이다.

필자의 연구(2011)에 의하면, 유아교사들은 자기가 선호하는 과목은 흥미 있는 영역이므로 신명나게 몰입하여 가르치지만, 학창시절 싫어했던 과목은 즐기지 못하고 의무감으로 가르쳤다고 고백하고 있다. 현장에서 가장 어려운 점은, 부모들이 수학교육을 초등학교의 일반교과처럼 생각하는 것이라고 말한다. 교사들은 능력의 한계를 느끼며 유아수학교육에 관한 직무연수를 희망하고 있었다. 한편 대부분의 교사는 수학의 아름다움을 못 느끼고 있었는데, 이는 과거 학창시절에 가졌던 수학에 대한 부정적인 태도 때문이었다. 유아의 수학교육을 책임져야 할 예비유아교사들의 현실적 문제점이 이 책을 집필하게 된 동기이다. 그러므로 필자는 독자들이 고등학교 시절에 미처 배우지 못했던 수학의 역사를 쉽게 이해하도록 가능한 한 풀어보았다.

현재 유아교사 자신은 수학에 관해 아름다움을 느끼지 못하면서도 유아들은 아름다움을 느껴야 한다고 인식했다. 자신의 수학에 관한 무지를 인정하면서 수학에 관한 재해석이 이루어지길 희망했다. 교사자신은 수학의 활용성과 쓰임새, 타 학문과의 연계성을 잘 모르면서도 유아들은 타 영역과 매우 밀접한 것으로 인식하길 바라고 있었다. 유아수학교육에서 가장 지원해야 할 것은 교구나 교재보다 유아수학교육의 통합연구가 활성화되기를 원하고 있었다.

이러한 현실을 감안하여 이 책은 예비유아교사들이 고등학교 시절에 미처 배우지 못하였던 수학의 역사를 접하면서 수학 에피소드와 퀴즈에도 흥미를 갖도록 했다. 인류는 수 개념의 필요성을 깨달은 후 고대사회에서 수학은 통치에 필요한 것이었으며 근대화의 주역은 수학이었고, 현재 디지털시대의 가장 강력한 토대가 수학이다. 새로 태어난 아기는 인류의 발달경로를 짧은 시간에 유사하게 따라가므로 유아수학교육에서 인류가 수학을 발달시킨 경로를 추적하는 것은 인지발달의 측면에서도 의미

있는 일이다.

세계수학교육의 방향을 선도하며 영향력을 미치는 기구로 1920년에 수학교육전문가들로 구성된 미국수학교사협의회 NCTM은 21세기 인재 양성을 위해 다음과 같이 수학교육의 목표를 제시했다.

첫째, 수학적 문제를 해결하는 사람, 둘째, 수학적으로 의사소통하는 사람, 셋째, 수학적으로 추론하는 사람이다. 이제 유아교육도 디지털사회가 요구하는 시대적 요청을 간과할 수 없다. 유아의 수학교육은 초등수학의 선행학습이 아니다. 다양한 방법으로 실제생활에서 부딪치는 문제를 이해하고, 표현하고, 다른 사람과 의사소통하고 추론하여 문제를 해결할 수 있는 능력이 신장되도록 가르쳐야 한다.

이 책은 2014년에 출판한 『누리과정에 기초한 유아수학교육』을 토대로 2019 개정 누리교육과정에 발맞추어 현장에서 교수할 예비유아교사를 위하여 유아수학에 관한 이론적 배경과 현장수업의 실제를 담았다.

1장은 서수 개념을 터득하기 시작한 원시인류부터 20세기 수학까지 수학의 역사적 배경을 설명하고, 고대 한국의 수학교육과 근현대사회의 수학교육을 첨가하였다. 2장은 유아수학교육의 역사적 배경, 3장은 코메니우스부터 인지학을 창설한 슈타이너까지 그들의 유아수학교육을 살폈다. 4장은 유아의 수학능력이 신생아부터 어떻게 발달하는지에 관하여, 5장은 유아수학교육의 교수·학습 방법에서 놀이로 관점이 바뀐 누리과정에 입각하여 그동안 연구한 우리나라 전통놀이를 분석한 수학적 개념을 첨가하였다. 6장은 유아수학교육을 위한 환경, 7장은 유아수학교육의 평가 등을 다루었다. 8장은 「2019 개정 누리과정」의 이해에 대하여 살펴보고, 9장은 「2019 개정 누리과정」의 영역별 목표 및 내용, 10장은 「2019 개정 누리과정」에 기초한 놀이중심 수학교육사례를 살펴본다. 마지막으로 11장에서는 전통놀이를 통한 수학개념 및 사례에 대해서 살펴본다.

마지막으로 전통놀이 사례연구에서 독자의 이해를 돕기 위해 예쁜 삽화를 그려주신 고신대학교 유아교육과 강신영 겸임교수님과 이 책의 편집과 출판에 수고해주신 동문사 대표님과 관계자 분들께 감사의 말을 전한다.

2020년 2월

아름다운 수리산 기슭에서 저자

차 례

PART 02 실제편

Contents

PART 01

이론편

Chapter

01 수학교육의 역사적 배경

1. 문명과 함께 발생한 수학
2. 수학교육의 역사
3. 한국의 수학교육

학습목표

구석기 시대부터 21세기까지 문명의 기초이며 핵인 수학이 어떻게 변화, 발전하였는지를 조명한다.

학습내용

수 개념이 발생한 이유, 고대 이집트와 그리스의 숫자, 로마의 셈법과 인도·아라비아 숫자의 발달과정, 그리고 근대 실학주의를 선도한 학자를 탐구하고 서양과 한국의 근·현대 수학교육을 고찰한다.

1 문명과 함께 발생한 수학

인간은 어떻게 수 개념을 가지게 되었을까? 지구상에 처음 출현한 원시인류는 수렵과 채취를 하며 무리를 지어 집단생활을 했다. 먹을 것을 위해 수고의 땀을 흘리며 노동을 했다. 노동의 대가가 많아질수록 소유한 먹거리를 보관하고 싶은 욕망이 생긴다. 호모 사피엔스 지적 인간에게 공동체 생활은 수 개념이 서서히 자라도록 만들었다. 자식을 부양해야 할 책임감과 필요성도 깨닫게 되었다. 이처럼 수 세기의 개념은 생존에 필요한 것이었다.

실제로 아주 오래전, 인류는 부대나 자루에 작은 돌멩이를 집어넣고 다니면서 가축의 수를 세는 데 활용했다고 한다. 수사를 모르면서도 1대 1 대응방식을 통해 셈을 한 것으로 추정한다.

1937년, 체코슬로바키아에서 범상치 않은 늑대뼈 '탤리'가 하나 발견되었다. '셈', '눈금', '막대'라는 뜻의 '탤리(tally)'는 종래 발굴되었던 보통의 늑대뼈가 아니었다. 55개의 눈금이 5개씩 나뉘어 새겨져 있었다. 소떼나 양떼를 몰고 풀밭을 찾아다닐 때 동물 한 마리를 눈금 하나로 표시했던 것이다. 눈금을 매기니까 늑대뼈는 무거운 돌을 넣은 자루 대신에 가축관리에 매우 편리하고 가벼운 도구가 되었다. 늑대뼈 외에도 미국 캘리포니아에서는 딱따구리의 얼굴, 남태평양 피지에서는 박쥐의 턱뼈, 뉴브리튼에서는 개의 이빨이 탤리로 사용되었던 흔적이 발견되기도 한다(김용운·김용국, 2007).

그 후 원시사회는 좀 더 진화하여 금과 은 같은 귀금속을 가축과 동등한 가치를 갖는 것으로 약속한다. 금과 은이 화폐의 역할을 하게 된 것이다. 그렇다면 탤리는 고대 서양에서만 사용되었을까? 그렇지 않다. 우리나라에도 탤리가 있었다. 농촌에서 외상으로 물건을 준 후 낫으로 기둥이나 각목에 금을 그어 표시를 하곤 하였다. 이런 관습의 증거는 또 있다. 요즘도 물건을 산 후에 신용카드를 '긋는다'라고 말하고, 외상값을 '긋는다'라고 말한다. 이런 어투는 바로 탤리에서 유래된 것으로 본다(계영희·강호, 2007; 김용운·김용국, 2007).

사실 수는 사물의 일부도 아니고 사물의 어떤 특징도 아니다. 사물의 물리적 성질과는 아무 상관없는 기호인 동시에 추상적인 개념일 뿐이다. 백화점이나 슈퍼마켓에서 물건을 샀을 때, 영수증에 찍힌 물건의 가격은 실제가 아닌 추상의 세계다. 가령 알뜰하게 절약하고 아껴서 모은 돈을 은행에 가서 저금했다고 하자. 통장에 찍힌 한 줄의 숫자 역시 인간의 머릿속에 존재하는 관념의 세계이자 사회공동체의 약속인 것이다. 다시 말하면, '수'는 인간이 추상이라는 능력을 통해서 얻은 관념인 것이다(김용운, 2010).

'역사학의 아버지'로 불리는 고대 그리스의 헤로도토스(Herodotos)는 문명의 발생지인 이집트에서 일찍이 주판 같은 계산도구를 사용했다고 주장한다. 이집트인들은 물건의 개수를 셀 때 작은 돌을 사용하여 물건 하나에 돌을 하나씩 대응시키면서 10개가 되면 한 단위를 올리는 10진법을 사용하였다. 한편, 바빌로니아에서는 60개가 되면 한 단위를 올리는 60진법을 사용하였다.

10진법은 인간의 손가락이 10개이므로 자연스레 생긴 진법이다. 반면에 60진법은 태양을 숭배했던 메소포타미아인이 사용했다. 그들은 태양을 바라보고 원의 모양으로 달력을 만들어 사용했고, 각을 발견한 민족이다. 원은 반지름의 길이로 컴퍼스를 6번 사용하면 나누어지는 특성이 있으므로 10과 결합하여 60진법을 만들었다는 설이 있다. 또 60은 약수가 많으므로 분배에 편리하기 때문이라고도 추측한다(계영희·강호; 2007).

지금과 같은 10진 기수법이 없었던 시절, 대제국을 통치하는 데는 반드시 큰 수의 계산이 필요했기 때문에 고대 메소포타미아에서도 주판은 사용되었다고 본다. 메소포타미아는 은화를 사용할 정도로 이집트보다 상업이 발달했다. 제곱과 세제곱, 제곱근까지 점토판으로 표를 만들어 휴대할 정도였으니 복잡한 계산을 할 수 있는 주판이 있었음은 당연하다(계영희, 2019).

고대 그리스의 폴리스 중 민주주의의 꽃을 피운 아테네 시민의 어린이들은 7세가 되면 읽기, 쓰기와 산술을 배웠으며 산술에서는 주판을 사용했다. 그리스와 로마에서 사용되던 주판 '에버커스(abacus)'는 대리석 판에 홈을 내서 작은 구슬을 늘어놓은 형태였다고 한다. 그리스와 로마의 숫자가 모두 지금의 10진 기수법이 아니었으니 계산도구는 반드시 필요했다. 그 후 낙타 등에 서양문물을 싣고 실크로드를 통과하던 상인들에 의해 에버커스는 중국 명나라에 전달된다. 중국인들은 대나무를 가늘게 쪼개어서 만든 '죽산'이란 것을 계산도구로 사용하고 있었다. 중국인은 대나무 살에 구슬을 꿰어 '주판(珠板) 또는 산반(算板)'이라 불리는 중국식 주판을 만들어냈다(계영희, 2019).

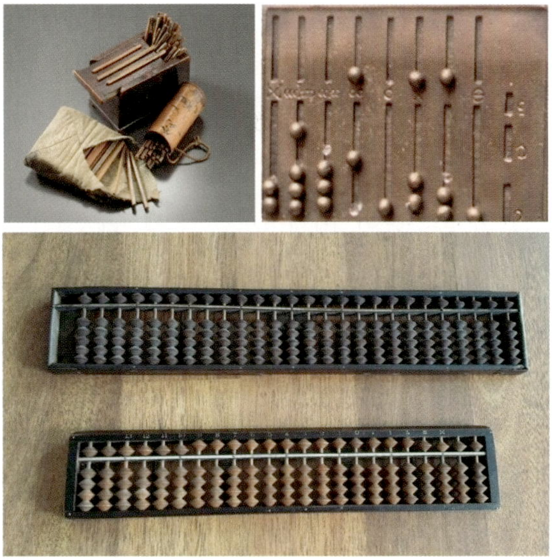

그림 1-1 조선시대에 사용하던 산가지와 산가지를 넣는 산통, 로마시대의 계산도구 애버커스, 1960년대 필자가 사용하던 주산. 7개(2개+5개) 구슬 주판이 6개로 바뀌었고 일본으로 건너가 5개(1개+4개)구슬 주판으로 바뀌었다.

현재 우리가 덧셈과 뺄셈뿐만 아니라 곱셈, 나눗셈까지 편리하게 할 수 있는 것은 바로 10진 기수법으로, 0부터 9까지 인도인이 발명한 10개의 숫자 덕분이다. 중국의 주판은 실은 5진법을 기본으로 하고 있다. 위 칸에는 구슬 2개를 놓고, 아래 칸에는 5개를 놓았는데, 위 칸의 구슬 하나는 아래 칸의 구슬 5개에 해당한다. 한 줄에 7개가 나란히 줄을 섰던 주판 구슬은 임진왜란 시절 일본으로 건너갔고, 1932년 5개 구슬이 나란히 줄을 선 일본식 주판으로 변모되어 우리나라로 역수입되었다. 우리보다 상업이 일찍 발달했던 일본인의 지혜였다(김용운·김용국, 2007).

조선시대에 우리 조상들이 수학으로 해결했던 문제는 무엇이었을까? 농지의 면적을 계산해야 했고, 병사들을 징집하고, 말과 소의 사료 계산, 곡물의 수확과 저장할 창고의 계산 등 수학문제가 매우 많았다. '산가지

(또는 산목)'를 사용하여 수학문제를 풀었는데, 선조 임금에 이르러 중국의 주판이 보급되었지만 크게 활용되지 못하였다(김용운, 2008). 상업이 활발하지 못했기 때문이다.

훗날 1920년대에 들어서면서 조선주산보급회가 결성되었고, 1936년 보성전문학교(현 고려대학교)에서 처음으로 주산경기대회가 열리면서 주산이 활성화되기 시작했다. 1950년대에는 상업학교 교육과정으로 주산과목이 채택되었고, 1960년대에는 초등학교 산수 교과서에 수록되면서 주산 실력은 특기로 자리매김하기도 했다. 주산능력은 곧 암산으로 연결되었고, 암산의 계산능력은 곧바로 수학실력으로 평가되기도 했던 시대였다.

최근 서울에서 유치원과 초등학교 저학년에서 주산교육이 다시 새롭게 조명을 받고 있다. 컴퓨터게임과 스마트폰에 중독된 어린이들을 치료 및 예방하기 위한 차원에서 집중력, 수에 대한 직관력과 연산을 촉진하기에는 나름대로 장점이 있다. 만 5세 정도가 주산교육의 적기라고 주장하는 전문가도 있다. 그러나 주산교육이 수학교육의 전부는 아니라는 사실에 주목해야 한다. 수학에서는 문장제 문제를 읽은 후 식을 세우는 문제해결력과 도형에 대한 감각, 논리성, 추리력 등의 훈련이 요구된다.

2 수학교육의 역사

1) 고대 그리스의 수학교육

고대 이집트인과 메소포타미아인은 태양을 숭배하였다. 영혼불멸을 믿었던 이집트인은 절대 권력자 파라오가 죽은 후에는 나일 강으로 다시 환생하여 홍수를 조절하며 풍년을 가져다준다고 믿었다.

고대 이집트인의 성각숫자를 보면, 문명의 발생은 그 민족이 생존하던 지리적 특성과 매우 밀접함을 알 수 있다. 그림 1-2에서 1은 어린아이들이 생각하듯이 매우 자연스런 막대기 모양이다. 9는 1을 아홉 번 반복한다. 10은 냄비의 손잡이 모양을 한다. 흙으로 만든 토기의 손잡이를 연상할 수 있다. 100은 무슨 모양일까? 악보의 낮은음자리표와 방향이 반대이다. 필자는 감아놓은 밧줄이 풀린 모양 같다고 생각한다. 당시는 물건을 측정하는 '자'가 없었다. 우리 조상들은 벼에서 쌀을 얻고, 볏짚으로 새끼를 꼬아 밧줄을 만들었다. 그처럼 이집트인은 나일 강에 무성하게 자라던 갈대, 파피루스로 종이를 만들었고 나아가 우리 조상들처럼 새끼줄을 만들었다고 짐작한다. 그러므로 감아놓았던 밧줄의 풀린 모양 같다.

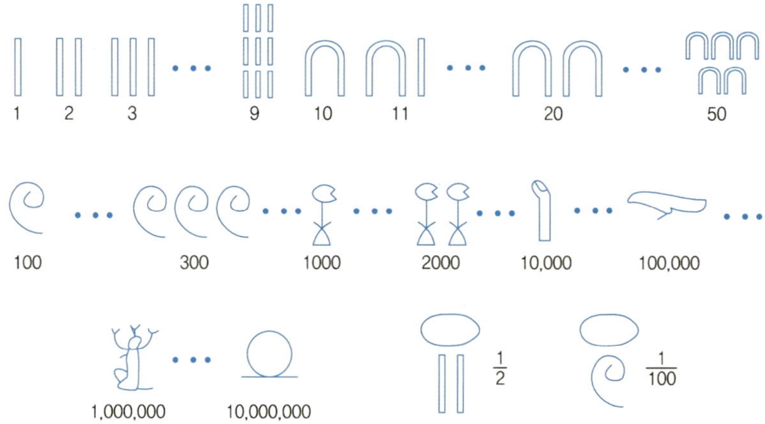

그림 1-2 이집트의 성각숫자

1000이란 숫자는 왜 꽃그림일까? '이집트 문명은 나일 강의 선물'이란 명구를 다시 떠올릴 수밖에 없다. 당시 나일 강에는 연꽃이 많았기 때문이다. 10000은 무슨 그림일까? 어떤 이들은 손톱 같다고 하지만 필자는 파피루스의 싹인 것 같다. 또 100000(십만)과 1000000(백만)은 각각 무슨 모양인가? 십만은 새이고, 백만은 기도하는 사람의 모습이다. 태양신을 향하여 기도하는 모습이다. 고대 이집트인 귀족들의 생활을 보면 개인 주택에 예배당이 있을 정도로 매우 종교적인 민족이었다. 10000000(천만)은 넓은 사막 위로 솟아오르는 태양의 이미지를 쉽게 떠올릴 수 있다. 놀라운 것은 그들이 분수까지 사용한 것이다. 피라미드까지 건축했던 고도의 문명사회였다. 이처럼 문화는 그 민족이 처한 지리적 환경과 풍토에 영향을 받아서 발달했음을 알 수 있다.

그러나 그리스인은 이집트인처럼 태양이나 동물, 자연을 신으로 숭배하지 않았다. 자연을 객관적인 대상으로 다루기 시작했다. 나아가 자연 속에 있는 것을 신으로 믿었던 신의 모양을 부정하기에 이르렀다. 또한 페니키아인의 알파벳에서 자음을 빌려서 그리스인의 모음에 조합했다. 획기적인 알파벳을 창안한 것이다. 이는 단지 26개의 기호를 가지고 수천 개의 뜻을 설명하고, 모양을 표시할 수 있었다. 알파벳의 반복적인 사용으로 그리스인의 사고방식은 추상적으로 길들어져 갔다(계영희, 2019).

고온 건조한 여름과 온난한 겨울날씨의 지중해성 기후는 그리스인들에게 토론문화를 발달시키는 중요한 요인이 되었다. 그들은 아고라 광장에 모여 상거래를 하였고, 축제를 열고, 정치에 관한 토론을 즐기면서 논리학과 웅변술을 발달시켜 나갔다. 즉, 학문이 발달할 수 있는 토대가 형성된 것이다. 특히 개인의 자율성을 존중했던 민주적인 시민공동체를 이루었던 고대 그리스는 철학과 수학의 학문을 활짝 피운 우수한 민족으로 성장하였다.

그리스의 수학이란 한마디로 기하학이며, 더 자세히 학문적 용어로 '유클리드 기하학'이다. 생활에 필요했던 측량의 문제에서 출발했던 이집트의 기하학이 지중해를 건넜을 때, 추상적 사고를 추구했던 그리스인들은 엄밀한 논리의 세계를 구축한다. 이데아론을 주장한 플라톤과 논증을 중요시한 아리스토텔레스의 철학이 유클리드 기하학으로 완성된 것이다.

그리스인은 "신은 수학적으로 사고한다"라는 신념을 가졌다. 즉, 수학은 그들의 이성적 사고인 로고스(logos) 그 자체였다.

인류가 최초로 세운 학교, 플라톤의 '아카데미아'에서는 산술, 기하, 천문, 음악이 주요과목이었다. 중세 유럽에서 4과라고 부르며 중요하게 여긴 것은 바로 그리스에서 비롯된 것이다. 기하란 '유클리드 기하학'을 말하며, 산술은 생활에 필요한 계산 정도였다. 당시 그리스 사회는 실생활에 필요한 계산문제는 로지스티케(logistike)라고 부르며, 학자가 다룰 문제가 아니라고 경시하는 태도를 가지고 있었다. 오직 기하문제의 논증적인 증명과 사변적인 일에만 집중하고 몰두했던 사회였다(김용운, 2010).

고대 이집트와 메소포타미아가 실생활에 필요한 수학지식을 권력자들의 통치수단으로 독점하였던 것과 대조적으로, 그리스인들은 토론을 통해 참이라고 생각하는 것도 명확하게 증명하려고 했다. 궤변가로 불리는 소피스트조차 폴리스 시민들에게 수학의 문제를 내놓고 공개토론을 즐겼다.

그리스의 폴리스 중 가장 민주적인 아테네에서는 부유한 가정의 사내아이인 경우 7살이 되면 학원에 가서 문법교사에게 읽기, 쓰기와 산술을

A	α	Alpha 알파	N	ν	Nu 뉴
B	β	Beta 베타	Ξ	ξ	Xi 크사이
Γ	γ	Gamma 감마	O	o	Omicron 오미크론
Δ	δ	Delta 델타	Π	π	Pi 파이
E	ϵ	Epsilon 입실론	P	ρ	Rho 로
Z	ζ	Zeta 제타	Σ	σ	Sigma 시그마
H	η	Eta 이타	T	τ	Tau 타우
Θ	θ	Theta 시타	r	υ	Upsion 업실론
I	ι	Iota 이오타	Φ	ϕ	Phi 파이
K	κ	Kappa 카파	X	χ	Chi 카이
Λ	λ	Lambda 람다	Ψ	ψ	Psi 프사이
M	μ	Mu 뮤	Ω	ω	Omega 오메가

그림 1-3 그리스의 문자

배우고, 음악과 체육교사에게 체육과 음악을 배웠다. 페다고그(pedagogue)라고 부르는 교복(敎僕)이 주판, 갈대로 만든 펜과 파피루스 같은 필기구, 악기인 리라를 들고 아이들을 데리고 다녔다(이주한, 2008; 비비안 쾨닉, 2009).

유아기의 수학은 오직 기초적인 셈을 하는 산술이었고, 기하학은 중등, 고등교육에서의 필수과목이었다. 당시 그리스의 숫자는 무엇이었을까? 알파벳 α, β, γ, δ … 위에 바(bar)를 붙여서, $\overline{\alpha}=1$, $\overline{\beta}=2$, $\overline{\gamma}=3$, $\overline{\delta}=4$ … 로 사용했다(계영희, 2019).

$\overline{\alpha}=1$	$\overline{\iota}=10$	$\overline{\rho}=100$
$\overline{\beta}=2$	$\overline{\chi}=20$	$\overline{\sigma}=200$
$\overline{\gamma}=3$	$\overline{\lambda}=30$	$\overline{\tau}=300$
$\overline{\delta}=4$	$\overline{\mu}=40$	$\overline{\upsilon}=400$
$\overline{\epsilon}=5$	$\overline{\nu}=50$	$\overline{\phi}=500$
$\overline{\zeta}=6$	$\overline{\xi}=60$	$\overline{\chi}=500$
$\overline{\xi}=7$	$\overline{o}=70$	$\overline{\psi}=700$
$\overline{\eta}=8$	$\overline{\pi}=80$	$\overline{\omega}=800$
$\overline{\theta}=9$	$\overline{\varsigma}=90$	$\overline{ϡ}=900$

그리스의 숫자(알파벳식)

$\Gamma=5$	$\Gamma^{\Delta}=50$
$\Delta=10$	$\Gamma^{H}=500$
$H=100$	$\Gamma^{X}=5000$
$X=1000$	$\Gamma^{M}=50000$
$M=10000$	

그리스의 숫자(헤로디아노식)

그림 1-4 그리스의 숫자

그림 1-5 고대의 숫자

출처: 김용운(2013).

2) 중세 유럽의 수학교육

4세기 후반에 서로마제국을 멸망시킨 게르만 민족은 로마문명을 흡수하며 기독교에 동화되어 갔다. 처음에는 로마도 그리스 전통을 따라 자녀를 교육했다. 점차 수도원과 교회 부속학교에서 교육을 하니 영적 개발과 영성훈련을 중요시하게 되었다. 자연히 그리스의 수학은 멀리하게 되었고, 마침내 그리스 문명은 와해되고 생명력 없는 중세 암흑시대를 만들었다. 모방하며 반복 학습했던 유클리드 기하학은 수도원에 갇히게 되었고 긴 잠을 자게 된다. 르네상스 운동이 일어나면서 유클리드 기하학도 잠에서 깨어나 부활하게 되었다.

유럽은 5세기가 되었을 때 '암흑시대'라고 불릴 정도로 야만족들은 고유의 수학적 지식과 전통이 없었다. 로마의 수학을 계승한다고 했어도 겨우 셈과 측량, 건축에 응용할 수 있는 초보적인 측량기하학을 익히는 정도였다. 중세의 정신생활은 기독교만이 지배적인 위치에 있었고, 학문은 신학, 학자는 수도사였다. 그러므로 과학과 철학은 '신학의 시녀'로 추락해버릴 수밖에 없었다(김용운, 2013).

중세의 초등교육기관은 교회 부속학교로 주일학교와 문답학교가 있으며 주로 읽기와 쓰기가 주를 이루었고, 고등교육기관인 수도원학교의 교육과정은 고대 그리스의 4학인 산술, 기하, 천문, 음악을 유지했다. 9세기가 되었을 때는 손가락셈이 계산의 주를 이루었으며, 그리스의 4과인 산술, 기하, 천문, 음악을 배우고 싶어도 교재가 없어서 배울 수 없을 정도로 수학의 상황은 처참했다(계영희, 2019).

요즈음 경매현장에서 암호처럼 사용하는 상인들의 손가락셈은 중세 유럽 손가락셈의 잔재라고 한다. 중세 유럽이 수학과 과학을 발달시키지 못한 또 하나의 이유는 영주를 중심으로 한 봉건경제의 시대라는 점이다. 즉, 수학이 없어도 매일의 생활이 지장이 없을 정도로 생산력이 침체된 사회였기 때문이다.

수학의 합리성과 엄밀한 논리성을 추구하던 사유형식 대신, 인간의 죄에 대한 심판과 회개, 하나님의 구원과 영광을 오래 찬양한 기독교 또한 마침내 몰락의 길을 걷게 된다. 11세기에 시작한 8차례의 십자군 전쟁의 실패로 교황의 권위는 떨어지고 기사계급은 약해졌으며, 신도들의 신앙심은 흔들리고 식어갔다. 실패한 십자군 전쟁의 결과는 8번이나 오고가던 통로와 머물던 마을에 상거래가 촉진되면서 중세도시가 발생하게 된다. 도시의 새로운 계층이 발생하게 된 것이다. 이들은 상업으로 돈을 번 상인들로서 중세의 귀족도 아니고 기사도 아니었다. 더욱이 농도도 아닌 새로운 계층인 신흥귀족, 즉 시민인 것이다(계영희, 2019; 김용운, 2013).

신분상승을 원하는 시민들의 지적 욕구는 중세 대학을 설립하게 되었다. 11세기에는 세계 최초로 이탈리아에 볼로냐 대학이 설립된다. 12~13세기에는 옥스퍼드 대학, 파리 대학, 케임브리지 대학이 설립되고, 과거 그리스에서 추구했던 학문의 탐구가 이루어진다. 문법, 수사학, 논리학 이 세 과목을 수료하면 '학사학위'를 받았고, 산술, 기하, 천문, 음악을 수료하면 '석사학위'를 받았다. 상업의 발달로 인도인이 만든 숫자를 아라비아 상인들에 의해 유럽에 소개되어 인도-아라비아 숫자를 읽고 쓰는 법, 4칙 연산, 분수의 계산, 돈을 바꾸는 환전문제, 이자 계산에 필요한 제곱근과 세제곱근을 구하는 법에 관한 책이 출판되었다(계영희, 2019; 김용운, 2013).

3) 근대의 수학교육

르네상스 운동과 종교개혁을 거치며 유럽 사회는 근대적 사고가 실생활에 적용되었다. 동방무역을 하는 상인들은 간편한 인도-아라비아 숫자를 사용하여 셈을 하기 시작했다. 로마식 주판을 사용하는 것보다 필산으로 하는 계산이 매우 편리하기 때문이다. 편리한 상인수학과 전통을 중시

유럽에서 최초로 사용된 아라비아 숫자(976년)

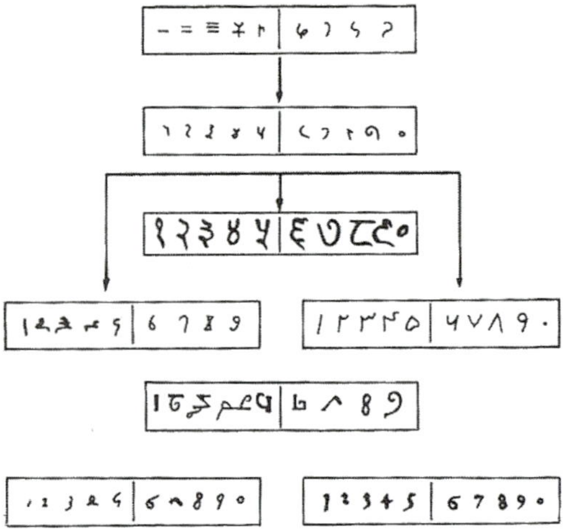

그림 1-6 아리비아 숫자

그림 1-7 인도와 아라비아 숫자의 변천 과정

하는 낡은 수도원 수학은 대립할 수밖에 없다. 즉, 지배계층인 교회와 그 압력에서 벗어나려는 신흥 상공업 계층 사이의 대립이 생겨난 것이다.

르네상스의 발원지인 이탈리아의 피렌체와 베네치아, 니스에서 발간되는 수많은 수학책은 모두 상업산술이었다. 열심히 3, 4차 방정식의 풀이법이 탐구되었고 복리법도 만들어졌다. 경제가 발달하면 원금과 이자계산 때문에 방정식의 해법이 필요하기 때문이다. 중국인은 천원술(天元術)이라는 고차방정식의 근사해법을 이미 알고 있었으나, 유럽에서는 15세기말까지도 3차 이상의 방정식의 해법이 알려져 있지 않았다. 당시 이탈리아에서는 지금의 변호사들처럼 사무실을 차려 놓고 계산 문제를 해결해주었다고 한다. 상거래에서 부딪히는 현실적인 문제는 곧 수학의 문제였다. 당시 그러한 사회적 분위기는 수학자들이 서로 실력을 겨루도록 시합을 열기도 했으며, 수학의 역사에 드라마틱한 에피소드를 남겼다(계영희, 2019).

수학 에피소드 1

르네상스 운동이 한창 꽃피던 16세기, 방정식의 풀이법에 관한 이탈리아 수학자들의 이야기를 소개한다. 타르탈리아라는 사나이는 볼로냐대학의 수학교수 페로와 방정식의 풀이법에 관한 수학 배틀에서 완승을 거두었다. 욕심 많은 카르다노가 이 소식을 듣고 타르탈리아를 꼬드긴다. 3차 방정식의 풀이법을 가르쳐주면 그 댓가로 거물급 인사에게 필요한 추천서도 써주고, 비밀을 꼭 지킨다는 약속을 했다. 그러나 교활한 카르다노! 약간 업그레이드한 풀이법을 출판하고 만다. 결국 배신당한 타르탈리아는 어찌 되었을까? 원통한 마음이 화병이 되어 죽어버렸다는 안타까운 이야기가 전해지고 있다.

17세기는 과학에서 눈부신 업적이 나온 과학혁명의 시대였으며, 사상으로는 실학주의(realism)의 시대였다.

(1) 뉴턴(I. Newton, 1642~1727)

17세기 대표적인 과학의 업적으로는 영국의 뉴턴과 독일의 라이프니츠가 발명한 <미적분학>, 프랑스 데카르트의 <해석기하학>, 파스칼의 <확률론> 등을 꼽는다. 뉴턴(I. Newton)은 물리학자인 동시에 수학자였고, 라이프니츠, 데카르트, 파스칼은 철학자이면서 수학자였다. 이는 수학과 철학이 같은 밑뿌리를 가지고 있기 때문이고, 지금처럼 학문이 세분화되지 않았기 때문이다.

그림 1-8 뉴턴

출처: http://www.1st-art-gallery.com/

TIP

- 뉴턴 : 〈만유인력의 법칙〉으로 유명한 뉴턴은 운동의 법칙(1. 관성의 법칙, 2. 가속도의 법칙, 3. 작용·반작용의 법칙)으로도 유명하다. 그는 수학을 '물리학의 언어'로 생각하여 미적분학을 발견했으며, 운동의 법칙이 처음 발표된 책은 염소가죽으로 제작되었는데

2016년 미국 뉴욕의 경매에서 우리 돈 44억에 낙찰되었다고 한다(2017. 7. 5일자 서울경제신문).

- **라이프니츠** : 기호논리학을 비롯하여 수학을 철학적으로 사유하여 뉴턴과 동시대에 미적분학의 이론을 창안한 수학자이다. 뿐만 아니라 물리학, 지질학, 생명과학에도 업적을 남겼고, 사회과학에서는 언어학, 심리학, 경제학까지 또 사칙연산을 수행하는 <단계 계산기>까지 발명을 한 만능천재였다. 외교관으로도 활동을 하였고 데카르트, 스피노자와 함께 17세기 최고의 합리주의 철학자로 꼽힌다.
- **데카르트** : '나는 생각한다. 고로 나는 존재한다'로 유명한 철학자 데카르트는 아침에 늦게 일어나는 '늦잠형 인간'이다. 침대에 누워서 천장에 붙어있는 파리를 보고 '좌표'의 개념을 창안했다는 에피소드와 늦게 일어나는 허약한 체질인데 새벽공부를 좋아하는 스웨덴 여왕의 초청으로 추운 나라에서 수학을 가르치다가 그만 폐렴에 걸려 사망했다는 이야기가 전해진다.
- **파스칼** : '인간은 생각하는 갈대'라는 말로 유명한 철학자이자 수학자이다. 12세 때 삼각형의 내각의 합은 180도임을 증명했고, 17세 때 <원추 곡선론>을 완성했다. 세무공무원이었던 아버지의 연말정산을 돕기 위해 세계 최초로 계산기(톱니바퀴를 이용한)를 만든 것으로도 유명하다.

(2) 코메니우스(J. A. Comenius, 1592~1670)

그림 1-9 코메니우스

출처: http://comenius.or.kr/

15세기 말 콜럼버스에 의한 신대륙 발견, 구텐베르크의 금속활자, 갈릴레이의 망원경, 스티븐슨의 증기기관의 발명 등 자연과학의 발달은 실학주의를 촉진시켰다. 이에 17세기가 도래하자 근대적인 의미의 유아교육이 실현된다. 유아교육에서 실학주의의 대표적인 학자는 코메니우스(J. A. Comenius)이다. '시청각교육의 아버지'로 불리는 그는 『세계도회(Orbis Sensualis Pictus, 1657)』에서 유아기의 교육내용과 방법을 제시했다.

어린이의 발달단계에 따라 학습할 수 있도록 150개의 그림을 삽화목판으로 실었다. '시청각교재의 효시'라고 불린다. 감각기관이 적극적으로 활용되도록 실제적 경험을 근거로 신(神, 1), 세계(2), 하늘(3), 불(4)로 시작한 판화의 그림은 기독교 천지창조 교리를 연상시킨다. 일상생활에 필요한 유아의 지식이 점차 확장되도록 화물선(89), 종이(92), 인쇄술(93), 천구(103)까지 다루었다. 결론은 최후의 심판(150)이다. 그의 교육적 배경이 기독교 사상임을 시사한다. 어린이를 '신의 가장 귀중한 선물이고 소중한 보배'로 인식한 것도 인간이 신의 형상이라는 기독교적 신앙에 기반한다(정석환, 2012).

(3) 로크(J. Locke, 1632~1704)

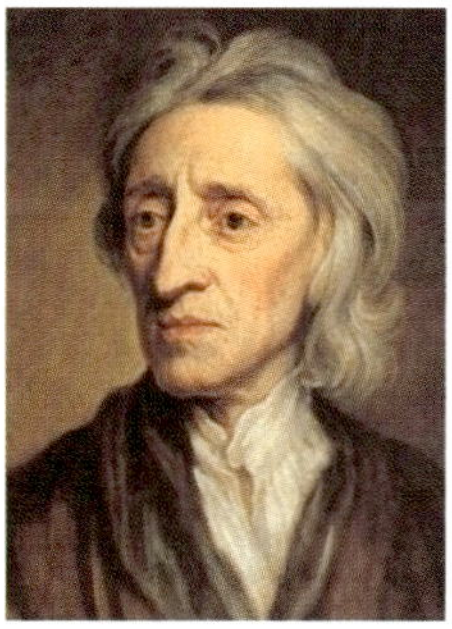

그림 1-10 로크

출처: http://www.nomadist.org/

유럽 근대사회의 교육자 로크(J. Locke)는 코메니우스의 사상을 이어나갔다. 그는 인간의 몸과 마음은 태어날 때 백지(白紙)와 같은데 성장하면서 환경과 경험에 의해 지식이 형성되는 것이라고 주장한 '백지설'로 유명하다. 백지설은 영국의 경험주의 철학의 영향으로 교육만능설이라는 비판도 받았다.

로크는 어려운 수학지식을 가지는 것이 중요한 것이 아니라, 수학을 배움으로써 추리의 습관이 형성되면 다른 지식의 영역에 능력이 전이될 수 있으므로 이것이 수학교육의 목적이 되어야 한다는 것이다(한유미, 2009). "수학은 추상적 추리로서 누구나 인간 정신은 그 힘을 가지고 있고 또 그것에 익숙해진다. 따라서 생활과 실무의 모든 분야에서 수학 없이는 아무것도 할 수가 없다"라고 수학의 중요성을 주장했다(김동일·조옥희, 2011). "건전한 정신은 건전한 신체에 깃든다"라는 유명한 명언으로도 유명하다.

(4) 루소(J. J. Rousseau, 1712~1778)

로크의 사상을 이어받은 루소(J. J. Rousseau)는 아동의 자연스러운 발달에 의한 교육을 강조했다. 그는 수학의 논리적 형식보다는 아동의 자연스러운 이해를 중요시했다. 저서 『에밀(Emile, 1762)』에서 루소는 실물의 양을 재고, 수를 계측하고, 무게를 비교할 수 있도록 주의, 기억, 사고의 토대인 오감의 발달과 감각기관의 훈련에 힘써야 한다고 주장했다(한유미, 2009).

그림 1-11 루소

출처: http://www.epicurus.kr/

기하학의 개념을 중시한 루소였지만, '자연으로 돌아가라'고 주장할 정도로 자연주의 교육을 강조했으므로 자와 컴퍼스만을 가지고 엄격하게 작도했던 그리스의 기하학 작도교육에는 동의하지 않았다. 그에게 자연은 교육의 목적이고, 동시에 방법이고 내용이었다. 프랑스인이 추구했던 개인의 자유, 민주, 평등을 강조한 교육학자였다.

TIP

- 에밀(Emile): 가상의 소년 에밀을 등장시켜 이상적인 시민을 교육하는 방법을 제시한 책이다. 루소는 인간을 교육하는 주체를 '자연, 인간, 사물'이라고 말했다. 자연의 교육은 인간의 능력을 내부로부터 발전시키는 것이고, 이 교육을 어떻게 이용할 것인가를 가르치는 것은 인간의 교육이며, 사물의 교육은 주위 사물에 대한 경험을 얻는 것이라고 보았다. 이 세 가지의 교육이 조화를 이룰 때 인간은 비로소 완전한 교육을 받게 된다고 보았다.

(5) 페스탈로치(J. H. Pestalozzi, 1746~1827)

그림 1-12 페스탈로치

출처: http://upload.wikimedia.org/

루소의 영향을 받은 페스탈로치는 직관을 통해 사고력을 증진시키는 것이 중요하다고 지적했다. 처음 태어난 아기는 빛과 소리가 무질서한 세계로 나오므로 서서히 질서 있게 감각이 성장하도록 해야 한다. 질서 있게 감각을 다듬기 위한 것이 수와 형이다. 따라서 산술과 기하는 현실적인 삶에 반드시 필요한 교과목 그 이상으로 인간 정신발달에 중요한 역할을 하는 큰 교과로 인식해야 한다고 주장했다.

동서양을 막론하고, 고대 사회에서부터 인간은 기본 도형을 원과 사각형으로 인식했다. 페스탈로치도 기초 도형으로는 사각형을 제시했으며, 아동에게 자와 컴퍼스의 사용은 도형의 개념형성에 오히려 방해되는 것이므로 도구 없이 도형을 그리게 해야 한다고 하였다(김응태·박한식·우정호, 2007).

4) 20세기의 수학교육

미국과 유럽을 중심으로 수학교육의 변천은 크게 세 부분으로 나눌 수 있다. 1900년대 초 수학교육 개혁운동, 1950~70년대의 수학교육 현대화운동, 마지막으로 1980년대 이후 수학교육의 경향이라고 범주화한다.

(1) 1900년 초 수학교육 개혁운동

18세기 영국을 중심으로 일어난 산업혁명의 영향은 수학교육을 과학기술의 발전을 위해 실용성을 강조하였다. 그러나 시간이 흐름에 따라 우리나라처럼 수학은 명문대학 입학을 위한 필수과목으로 자리매김하게 되면서, 수학의 실용성에 대하여는 서서히 관심이 멀어져 갔다. 실용성이 간과된 수학교육의 문제점을 개선하고자 노력했던 대표적인 학자로는 페리(J. Perry), 클라인(F. Kline), 무어(E. H. Moore) 등이 있다.

1901년, 영국의 수학자 페리는 '수학교수(The Teaching of Mathematics)'라는 주제로 영국 과학개선협회가 주최한 모임에서 강연을 했다. 그는 영국의 수학교육이 대학입학시험을 통과하는 것과 소수의 우수한 수학자를 양성하려는 목적을 가지고 있으므로, 많은 학생들이 희생당하고 있다고 신랄하게 비판하며 개혁을 주장하였다. 당시 영국의 수학교육상황이 현재 우리의 상황과 매우 흡사한 것 같다. 페리는 수학교육이 유클리드 기하학에서 탈피하여 보다 실용적인 면을 중요시하는 방향으로 개선될 것을 촉구하였고, 발명과 발견의 능력을 양성하는 데 그 가치를 두어야 한다고 주장하였다(이성헌, 1991; 김창복 외 2인, 2006).

1902년 미국의 수학자 무어는 미국수학회(AMS)의 강연에서 영국의 페리를 지지하면서 미국의 수학교육의 개혁을 다음과 같이 주장하였다. 초등수학교육은 구체적인 사항과 직접 연관시킬 것, 아동이 직접 관찰하고 실험하여 추리능력이 길러지도록 교육할 것, 아동에게 진실된 연구정신과 과학의 기초방법에 대한 안목을 길러줄 것을 강조했다. 그는 1900년 38세의 나이로 미국수학회의 회장직을 수행하며, 1900년 1월 미국인이 만든 최초의 수학연구 저널인 「Transaction of AMS」를 발간했다. 그는 실험적 교수법을 시카고 대학교 수학과에 적용하면서 제자들을 양성하여 걸출한 수학자들을 길러내었다. 그가 배출한 박사는 30여 명이었고, 그 제자들이 배출한 박사가 13,500명에 달하는 것을 볼 때 무어의 영향력을 알 수 있다(이상구·함윤미, 2009; 이성헌, 1991).

한편, 1904년 독일에서는 수학자 클라인이 브레슬라우에서 열린 자연과학자 회의에서 정부의 수학교육개선안을 비판하고, 수학과 물리교육에 대한 자신의 철학과 입장을 피력하였다. 즉, 교재의 선택과 배열은 학생의 자연적 심리발달에 따라야 한다. 자연현상과 사회현상을 수학적으로 관찰하는 능력을 발달시켜야 한다. 수학의 각분과를 융합하고 타 학문과의 관계를 밀접하게 해야 한다. 함수적 사고의 함양과 공간 관찰력의 양성을 수학교육의 골자로 해야 한다 등이었다(이용률 외 8인, 1997).

이처럼 20세기 초의 수학교육의 개혁운동은 수학의 형식적 도야보다는 실재하는 사물과 공간을 중요시하는 학생들의 심리가 반영된 교육관을 주장하였다.

(2) 1950~70년대 수학교육 현대화운동

그림 1-13 칸토어

출처: http://upload.wikimedia.org/

19세기 말, 수학자 칸토어의 <집합론> 발표는 수학을 새로운 국면에 접어들게 하였다. 수학을 눈에 보이지 않는 무한의 영역으로 확장시켰다. 무한을 유한처럼 다루며 무한개의 원소로 구성된 무한집합을 연산하기 시작하였다. 즉, 합집합, 교집합 등을 구한 것이다. 그의 영향력은 수학의 모든 영역으로 확장되어갔고 추상화를 일으켰다. 과학혁명과 기술의 발전으로 자만해졌던 지적인 인간은 제1차 세계대전과 미국의 경제공항을 겪으면서 자존감에 상처를 입으며 지적 한계를 느끼기 시작했다. 이러한 시대적 배경에서 1930년대에 새로운 기하인 위상기하학(Topology)이 창안되었다.

위상기하학이란 종래에 기하학에서 다루었던 각의 크기 문제, 도형의 넓이문제, 입체의 부피문제, 직선들이 평행하는가는 전혀 관심이 없고 다루지 않는다. 기하학이 도형의 종래의 성질을 무시하고 추상화된 것이다. 단지 연속함수의 성질만을 연구하는 것으로, 일명 '고무막 위의 기하학'이라고도 불리는 새로운 분야였다. 그 후 제2차 세계대전은 미국과 영국 등 연합국에게 원자폭탄과 컴퓨터의 연구를 촉진시켰다. 전쟁을 승리로 이끈 주요한 연구는 수학의 힘이었음을 인식하게 되었고, 각 방면에 기술혁신과 정보혁명에 수학이 밀접한 영향을 주었다.

피아제의 연구에서 밝혀진 흥미로운 것은, 유아가 처음 도형을 바라볼 때는 위상 기하적으로 인식한다는 것이다. 그 후 차츰 유클리드 기하적으로 변환된다고 주장했다. 수학의 역사와 그 흐름이 반대이다. 유클리드 기하학은 기원전 5~6세기경 그리스에서 발달한 것으로 현재 초등학교,

중학교 도형의 내용이다. 반면에 위상기하학은 과거에는 중학3학년 교과서에 '한붓그리기'라는 단원으로 소개되었으나 어렵다는 이유로 교육과정에서 퇴출되었다. 대학의 수학 전공하는 자들만 공부할 수 있는 내용이다.

TIP

- **칸토어와 집합론의 세계**: '집합(set)'은 군대에서는 군인들에게 모이라는 명령어지만 수학에서는 '어떤 조건에 맞는 것들의 모임'이다. 즉 자연수들의 모임, 홀수들의 모임 등을 자연수의 집합, 홀수의 집합이라고 부른다. 집합의 개념을 창안한 칸토어는 무한집합도 자연수와 같은 '셀 수 있는 집합(countable set)'과 실수와 같은 '셀 수 없는 집합(uncountable set)'으로 분류했다.

자연수의 부분집합인 홀수집합도 자연수처럼 셀 수 있는 무한집합이지만 자연수와 홀수의 개수가 같음을 증명했다. 받아들이기 어려운 희한한 일이었다. 무한 개념을 처음 발표했을 때 그의 스승조차도 이해하기 힘들었던 수학계는 그가 조현병(정신병)환자가 되는 데 일조를 했다. 치료약이 별로 없던 그 당시, 의사가 칸토어에게 권한 것은 따뜻한 우유를 마시고 목욕을 하고 잠을 자라는 것이었다. 불운한 천재였다.

3 한국의 수학교육

1) 고대 한국사회의 수학교육

우리 조상들은 언제부터 수사를 사용했을까? 언제부터 수를 사용하였는지 정확한 기록은 없다. 『삼국사기』에서 고구려 지역 이름을 추정한 결과 다섯은 '우차', 일곱은 '난은', 열은 '덕'이라고 한다. 예를 들어, 오곡군(五谷郡)이 당시 고구려 언어로 '우차운홀'이었다고 한다.

백제에서는 1,000명을 통솔하는 대장 천부장을 '달솔', 100명의 대장 백부장은 '은솔(온솔)', 10명의 대장 십부장을 '덕솔'이라고 불렀다. 수사를 사용했다고 추측할 수 있는 것이다(김용운·이소라, 2010).

고려시대에 수를 세는 말은 『계림유사』에서 발견된다. 백은 '온'이라고 했고, 천은 '즈믄', 만은 '두멘'이라고 했다. 그 흔적이 현재 우리가 사용하는 일상의 언어로 남아있다. '온 몸에 두드러기가 났다'는 두드러기 개수가 100개나 될 정도로 몸 전체에 두드러기가 났다는 뜻이다. 2000년에 태어난 아기는 '즈믄동이'라고 불렀는데, 새 천년이 시작하는 해에 태어난 아기라는 뜻이다. 북한에 있는 두만강은 예전엔 '두멘강'이라고 불렀는데, 지류가 '만 개인 강'이라는 뜻이다(김용운·이소라, 2010).

우리 역사를 통틀어서 가장 위대한 왕, 조선시대 세종대왕은 수학, 과학을 발달시켰고 음악을 정비하고 한글을 창제하였다. 조선시대 수사로는 어떤 것이 있을까? 어린 세종 이도는 대제학 정인지로부터 『산학계몽』을 배웠다. 오늘날은 컴퓨터와 휴대폰의 메모리 칩 덕분에 메가(백만, 10^6), 기가(십억, 10^9), 테라(조, 10^{12})같은 큰 수가 생활에 깊숙이 들어와 있는데 세종시대에도 큰 수를 사용했다. 요즘 메가는 영화관 이름으로 익숙하지만 실은 백만이라는 수사에서 유래한 것이다.

불교의 영향으로 인도에서 만든 큰 수는 중국을 거쳐 조선에 들어왔다. 인도는 갠지스 강을 항하사라고 불렀는데 강의 모래알처럼 많은 뜻으로 항하사(恒河沙)는 10^{52}을 의미하는 수사다. 불가사의(不可思議)는 10^{64}, 무량(無量)은 자그마치 10^{68}이나 된다. 큰 수가 있다면 매우 작은 수도 있는 법이다. 다음의 용어들은 모두 작은 수에 대한 수사이다(박형빈, 2010).

10^{-13} 모호(模糊) 10^{-16} 순식(瞬息) 10^{-18} 찰나(刹那)
10^{-20} 공허(空虛) 10^{-21} 청정(淸淨)

수학퀴즈 다음 중 옛적에 사용하던 수사가 없는 문장은 어느 것일까?

❶ 노트북에서 파일이 사라졌다니 정말 불가사의한 일이야.
❷ 취준생의 공허한 이 마음 어쩌란 말이냐!
❸ 얼마나 배가 고팠는지 순식간에 밥 한 공기를 다 먹어버렸다.
❹ 우리 딸이 그렇게 행동하니 엄마는 감개무량하구나!
❺ 얘! 그런 애매모호한 말이 어디 있니?
❻ 이 생굴은 남해안 청정지역에서 양식한 것이다.

정답 위 문장에는 모두 수사가 있다. 불가사의, 공허, 순식, 무량, 모호, 청정은 모두 동양의 수사이다. 지금은 일상 언어로 사용하지만 예전에는 전부 수사였다는 사실을 기억하자.

조선시대 아이들은 몇 살부터 수학을 배웠을까? 다음은 한국 전통사회의 행동규범이었던 「小學」의 「입교(入敎)」 편에 기록된 내용이다.

> "여섯 살이 되면 셈하는 방법과 동서남북의 방위(方位)를 가르치게 한다. 아홉 살이 되면 날짜 계산하는 법을 가르치게 한다. 열 살이 되면 남자는 스승에게 나아가 사랑방에서 잠자며 글쓰기와 셈본을 배우게 한다(유안진, 2015)."

남아의 경우 6세부터 셈하기와 공간개념에 대하여 공부한 것을 알 수 있다. 그러나 고려부터 시행한 과거의 시험과목은 주로 중국의 '사서삼경'이었다. 문관을 선발할 때 시험방식은 경서에 대한 암송능력을 테스트하였다. 그리스의 유명한 철학자 소크라테스의 질문을 기반으로 대화로 이어가는 산파술과 대조적이다. 양반이 되고 관료가 되기 위한 치열한 경쟁 속에서 학교는 과거시험의 준비 기관이었고 출세주의가 득세하였다. 학문은 중국의 영향아래 유학을 숭상하며 '수신제가치국평천하'를 추구했다.

1887년 성균관 교육을 강화하기 위한 경학원이 부설되었는데, 여전히 '사서삼경'이 주요한 교육과정이었다(신봉호 외, 2017). 이 사고방식은 오늘날까지도 자녀들의 장점과 특기를 살리기보다는 오로지 입시 위주의 교과목만을 중요시하는 전통으로 내려오고 있다.

TIP

- **사서삼경(四書三經)**: 사서는 『논어』, 『맹자』, 『대학』, 『중용』을 말하며, 삼경은 『시경』, 『서경』, 『역경(주역)』을 말한다.
- **수신제가치국평천하(修身齊家治國平天下)**: 공자의 『대학(大學)』에 나오는 것으로 나의 몸과 마음을 바르게 닦은 자만이 가정을 다스리고 세울 수 있으며, 가정을 잘 세운 자가 나라를 평화롭게 할 수 있다는 뜻이다.

그림 1-14 일본 에도시대 교육의 꽃 〈데라코야〉

출처: https://japan-magazine.jnto.go.jp/ko/special_kyouiku-isan.html

17세기 초, 일본은 도쿠가와에 의한 에도시대가 시작되었을 때, 교육의 꽃이라고 하는 <데라코야>가 성행했다. 그림에서 보듯이 여교사가 여아들을 가르치는 모습이다. 에도시대부터 일본인은 수학문제를 퀴즈로 풀면서 내기를 했다고 전해진다. 일본인은 수학을 취미로 즐기며 지금도 그 전통이 남아있다. 우리 한국인과 무척 다른 점이다.

그림 1-15 들라크루아 〈민중을 이끄는 자유의 여신〉
1830년 프랑스 7월 혁명의 모습이다.
출처: http://upload.wikimedia.org

18세기 서구 유럽은 계몽주의의 여파로 자유, 평등을 외치는 근대화운동이 일어났다. 유럽의 여성들도 사회적 지위는 매우 낮았다. 교육받을 기회도 주어지지 않았고 차별이 심한 것은 조선과 비슷했다. 위 그림은 프랑스 화가 들라크루아의 <민중을 이끄는 자유의 여신>이다. 1789년 프랑스 혁명이 일어난 후 나폴레옹이 권력을 잡아 황제로 즉위하였으나 러시아원정에 실패하고, 프랑스는 다시 민중운동으로 1830년 7월 혁명이 일어났다. 그림의 가운데 여성은 오른손에는 자유, 평등, 박애를 나타내는 프랑스 국기를 들고, 왼손에는 긴 총을 든 맨발의 모습이다.

감상자에게 충격을 주는 것은 혁명의 여전사가 가슴을 다 드러내고 있다는 사실이다. 에로틱한 여성의 유방이 아니다. 남녀평등을 강하게 부르짖는 충격요법이다. 조선시대 여성들은 집밖으로 외출하는 것도 쉽지 않았다. 여아들의 교육도 허용되지 않았다. 유교(성리학)에 갇혀있던 우리 조선의 시대와 너무 다른 모습이다.

2) 근 · 현대사회의 수학교육

메이지유신으로 근대국가의 기틀을 세운 일본은 조선에게 문호개방을 요구한다. 1876년 강화도 조약을 맺은 후 조선은 이를 기점으로 개화기에 접어들었다. 근대교육의 필요성을 인식하고 정부는 1886년 <육영공원>을 설립했다. 양반자제들을 위한 교육기관으로 영어, 자연과학, 수학, 지리, 경제학 등 신학문을 교육했다. 이듬해 1887년에는 유학(성리학)의 전당이었던 성균관을 개혁하는 <경학원>이 설립되었고 교육과정에는 산술이 들어있으나 여전히 사서삼경(四書三經)을 교육했다(신봉호 외, 2017).

개화의 물결을 따라 서양 선교사들이 설립한 기독교 학교와 민족 선각자들에 의한 사립학교가 설립되었다. 대표적 사립기관 양정의숙(현, 양정고등학교)과 휘문의숙(현, 휘문고등학교)의 커리큘럼을 보자. 휘문의숙은 1학년 때 산술, 2학년은 수학, 3, 4학년은 대수와 기하가 교육과정에 들어있다. 매우 적극적으로 신학문을 도입하고 있으나, 양정의숙에서는 4년 과정에서 단지 1학년 때만 산술이 들어있다(신봉호 외, 2017). 신학문 도입에 이 같은 차이를 보이는 것은 여전히 한국사회가 전통적 사고에서 벗어나는 것이 쉽지 않았음을 알 수 있다.

1945년 해방을 맞이한 후에 미군정이 신탁통치를 하던 시절, 1946년 홍익인간의 교육이념이 채택되고 6-3-3-4 단선형 학제와 의무교육을 시행하기로 결정한다. 1948년 대한민국 정부가 수립되었고, 우리나라 역사상 처음으로 제1차 교육과정이 공포되었다. 내용은 교과중심이나 미국의 진보주의 영향으로 교과서는 생활중심을 지향하는 것으로 편찬되었다(위의 책, 2017). 시대의 흐름을 반영하여 제7차 교육과정까지 개편작업이 지속되었고, 2007, 2009, 2015 개정교육과정이 공포되었다. 2019년에는 어린이집과 유치원의 통합교육과정인 2019 개정 누리교육과정이 만들어졌다.

1957년 소련(현 러시아)은 세계 최초로 인공위성 스푸트니크(Sputnik)를 발사한다. 최초의 자리를 양보하게 된 미국은 그 이유를 수학과 과학교육의 잘못이라고 비판하고 반성을 했다. 수학교육의 현대화를 부르짖으며 '새수학 운동(New Math Movement)'을 일으켰다. 그동안 지나치게 기계적으로 문제를 풀고, 연습하고 숙달을 강조하던 교수법을 반성했다. 수학의 개념과 원리 등 기본적인 구조를 강조하기 시작하고, 생활에 필요한 실용을 강조하던 수학교육이 학문을 강조하는 방향으로 되돌아간 것이다.

수학교육의 전환은 마침내 칸토어의 집합이론을 초등학교 수학교육에 접목시켰다. 이 영향은 우리나라의 수학교육에 그대로 유입되어 1970년대 초등학교 교과서에 집합이 도입되자 학부모와 교사 모두 새로운 개념에 몹시 혼란스러워했다. 미국의 새수학 운동에 영향을 준 교육학자는 인지심리학자 피아제와 브루너였다.

미국의 새수학 운동은 기대와 달리 학력의 저하를 가져왔으므로 비판을 받았다. 1973년 수학자 클라인(M. Kline)은 저서 『쟈니는 왜 덧셈을 못하는가?』를 출판하여 새수학의 실패를 신랄하게 비판하였다. 다시 수학교육의 개혁이 대두되며, 실용보다는 기초와 기본으로 돌아가자는 '기초로 돌아가기(back to basics)' 운동이 주창되었다. 그러나 이 운동 역시 학생들의 학력저하를 가져왔으며, 응용력과 문제해결력이 감소되었다고 평가되었다(김창복 외 2인, 2006).

제7차 교육과정에서는 계산기 사용과 컴퓨터의 활용을 적극 권장하였다. 정보화시대에 진정으로 필요한 수학적 능력은 큰 수를 척척 계산해내는 단순한 계산능력이 아니다. 미래의 유아와 아동은 사회문화의 변화에 적응하여 기존의 것을 익힌 후, 새로운 것을 창안할 줄 아는 융합과 창의력을 가진 통섭형 인간으로 성장해야 한다. 즉, 계산력보다 사고력과 문제해결력이 더욱 중요하다.

「2019 개정 누리과정」은 2020년 3월부터 유치원·어린이집에 공통 적용되며 유아들이 놀면서도 성장하고 배울 수 있도록 내용을 구성했으며, 미래지향적인 교육과정이다. 즉, 유아가 중심이 되고 놀이가 살아나는 교육과정이다. 교사가 중심이었던 기존의 놀이에서 이제는 유아가 주도하는 놀이로 충분한 놀이 시간이 확보되어야 함을 강조한다.

유아가 경험해야 할 내용은 59개로 조정되었고 교사의 자율권이 확대되었다. 즉, 교육계획안의 형식과 방법, 분량까지도 자율화된 것이다. 평가 또한 자율화되었으니 매우 획기적인 전환이다. 그러나 한편으로는 교사 역시 새로운 교육과정에 적응하려면 부담감이 크며, 특히 새로 임용되는 교사들이 매우 두려움을 느끼는 것이 사실이다.

생각할 문제

① 고대 그리스의 수학 <유클리드 기하학>을 지금도 배우는 이유를 논하여라.

② 고대 그리스부터 현대까지 기하학이 변화하게 된 이유를 논하여라.

③ 조선시대 왕궁에서 수학이 필요한 이유를 논하여라.

Chapter

02 유아수학교육의 역사적 배경

1. 코메니우스의 유아수학교육
2. 프뢰벨의 유아수학교육
3. 몬테소리의 유아수학교육
4. 듀이의 유아수학교육
5. 슈타이너의 유아수학교육

학습목표

유아교육에 관한 철학과 교육관을 유아수학에 구체적으로 실천한 교육학자들을 조명한다.

학습내용

코메니우스, 프뢰벨, 몬테소리, 존 듀이, 슈타이너의 유아수학교육에 대하여 비교하고 그 차이점을 살펴본다.

1 코메니우스의 유아수학교육

그림 2-1 코메니우스

출처: http://upload.wikimedia.org

근대 유아교육의 시조로 불리는 코메니우스(J. Amos Comenius, 1592~1670)는 전인적 인격형성과 전문지식을 위해서는 제도화된 학교교육이 필요하다고 주장했다. 특히 학교가 어린이에게 인간의 사회화 과정에 필요한 조건을 제공하기 위해서 반드시 필요하다고 강조했다.

코메니우스는 교육을 4단계로 나누었다. 영유아시기를 <어머니 무릎학교>, 7~12세의 아동기는 <모국어 학교>, 13~18세의 청년기는 <라틴어 학교>, 19~25세까지는 <대학시기>로 범주화하였다.

주목할 것은 <어머니 무릎학교>의 교육내용을 제시하였는데 수학에 관한 것은 다음과 같다(조성자, 2015).

- 일주일의 개념과 시간, 공간개념을 가르친다.
- 양과 수의 개념, 기하의 개념과 높이, 두께의 개념을 가르친다.
- 숫자개념을 가르친다.

350여 년 전 유치원 교육과정으로 현재 교육과정과 비교할 때 결코 쉬운 내용이 아니다. 아동교육과 조기교육을 주장했으며, 교육의 방법은 감각주의, 자연주의를 추구했다.

아동기의 <모국어 학교> 교육과정의 수학내용을 살펴보면 다음과 같다.

- 일상생활에서 사용할 수 있는 수학능력을 갖춘다.
- 길이와 넓이 그리고 공간을 측정할 수 있는 능력을 기른다.

2 프뢰벨의 유아수학교육

유아학교(Infant School)는 1820~30년경 처음으로 영국에 설립되었다. 스티븐슨의 증기기관의 발명으로 가장 먼저 산업혁명을 일으킨 영국은 도시로 노동자들이 몰려들기 시작했다. 산업혁명의 여파는 노동자들의 자녀 돌봄과 교육이라는 새로운 문제를 야기시켰다. 이러한 배경에서 설립된 유아학교는 수 세기와 수 연산을 강조하였으며, 기초적인 수학의 특성을 탐색하고 발견할 수 있는 놀이형태의 수학적 학습의 가능성을 강조하였다. 그러나 서서히 유아학교는 쇠퇴되었고, 유아기의 신체발달과 정서발달이 인지발달보다 우선시되고 중심이 되어야 한다는 교육관이 확산되면서 유아수학교육에서 산수적 연산에 대한 관심이 감소되어 갔다 (Balfanz, 1999; 홍혜경, 2009).

페스탈로치의 영향을 받은 프뢰벨(F. W. Froebel, 1782~1852)은 독일의 예나(Jena)대학에 입학하여 자연과학과 수학을 공부하였다. 그는 유아의 수학적 사고능력과 흥미를 기초로 한 구체적인 교수 프로그램을 최초로 제시한 선구자였다.

그림 2-2 프뢰벨

출처: http://upload.wikimedia.org/

인간의 내면세계는 신과 동일하게 창조하고, 일하고, 표현하는 힘이 내재되어 있다. 특히 유아는 자연스럽게 놀이상황을 관찰한 후에 주변 세계를 이해하고 탐색하기 위해서 수학적 사고를 하고, 수학적 상황에 적용한다고 말하였다.

그는 신성을 발휘시키는 것이 교육의 힘이라고 주장한다. 프뢰벨은 "수학이 없는 인간교육은 완전한 것이 아니며, 인간의 정신과 수학의 관계는 인간의 마음과 종교처럼 나누어질 수 없는 것이다"라고 주장할 정도로 인간세계에서 수학의 중요성을 강조하고 있다(김동일 · 조옥희, 2011).

프뢰벨은 유아들을 위한 수학교구 '가베'를 만들었다. 이는 일본에 상륙하여 은물(신이 내린 선물이란 뜻)이란 용어로 바뀌어 우리나라에 소개되었다. 프뢰벨은 유아들에게 점, 선, 2차원, 3차원의 은물을 활용하여 기하, 수, 측정, 분류, 분수, 패턴, 대칭 등을 탐색하는 활동을 제공하는 데 초점을 두었다. 정리하면 다음과 같다.

가베(은물)	수학의 입체도형
제1 은물	구
제2 은물	구, 정육면체, 원기둥
제3 은물	정육면체
제4 은물	직육면체
제5 은물	정육면체, 삼각기둥
제6 은물	정육면체, 직육면체
제7 은물	정삼각형, 직각삼각형, 둔각삼각형, 사각형, 원, 반원
제8 은물	선분
제9 은물	원, 반원
제10 은물	알갱이(점)

프뢰벨의 이론은 오랫동안 유아수학교육에 많은 영향력을 미쳤고 현장에서 활용되어 왔으나, 은물의 지나친 상징성, 엄격한 사용법과 순서, 형식적인 지도법이라는 비판을 받으면서 20세기 이후 유아교육현장에 수용되지 못하였다(Saracho & Spodek, 2008; 홍혜경, 2009).

그림 2-3 프뢰벨의 최초 가베와 최근에 사용되는 가베(은물)

출처: http://cfs6.tistory.com/, http://gabe.or.kr/img/intro/set11.jpg

3 몬테소리의 유아수학교육

그림 2-4 몬테소리

출처: http://www.jsmpreschool.co.za/

몬테소리(M. Montessori, 1870~1952)는 수교육의 목적을 유아들의 지적 발달과 자극을 위해 논리적으로 사물에 대해 생각하는 힘을 확고하게 몸에 익히게 하는 것이라고 주장했다. 나아가 수학교육의 직접목적은 생활경험을 통하여 수와 양을 논리적으로 배울 수 있는 것이고, 간접목적은 인격형성을 위해 필요한 추상력, 상상력, 이해력, 판단력이라고 하였다(김동일 · 조옥희, 2011).

그녀는 프뢰벨보다 자연수, 분수, 기하, 순서적 규칙 등 다양한 수학적 내용을 교육내용으로 확장시켰고, 0까지 수 개념에 포함시켰으며 유아들에게 천의 자리까지 숫자를 익히도록 했다. 특히 시각과 촉각의 발달이 인지적 성장과 추상개념을 이해하는 데 기본임을 발견한 후에 수학교육을 위한 감각발달을 촉진하는 교재와 교구를 제시하였다. 지금도 유아교육현장에 그대로 적용되고 있을 정도로 그녀의 영향력은 지대하다.

그림 2-5 몬테소리 교구활용 시연모습

그림 2-6 천 자리까지 익히는 숫자

프뢰벨과 몬테소리의 공통점은 수학교육을 유아의 놀이 및 발달적 특성에 기초하여 감각적으로 교육을 시도한 것이다. 그러나 몬테소리는 수교육을 자유롭게 선택하도록 허용하였고, 유아의 관심과 해결능력에 따라 더 높은 수준으로 올라갈 수 있는 단계로 교구를 사용한 것이 차이점이다.

몬테소리교구는 수막대, 셈하기 상자, 홀수와 짝수, 모래숫자, 덧셈판, 곱셈판, 구슬줄, 도형서랍, 도형카드, 분수대, 색구슬, 구성삼각형 등으로 구성되어 있다. 이 수학교구는 감각교구로서 청각, 촉각 등 오감을 통한 감각 체험을 통하여 수학적 사고를 발달시킬 수 있도록 구성되어 있다(홍혜경, 2009; 한유미, 2009).

프뢰벨의 교구가 상징적인 것이라면, 몬테소리의 교구는 구체적이고 감각적이라고 말할 수 있다. 하지만 몬테소리교구가 오감을 통한 감각교구라 할지라도 유아들이 개인용 카펫을 펼쳐놓고 교구를 순서에 맞추어서 하는 놀이는 너무 엄격하다는 비판을 받고 있다. 현 시점에서 유아들에게 가르칠 수학은 생활과 놀이를 통해 자연스레 수학개념을 이해하도록 돕는 것이다.

필자는 이미 이 같은 교육목적을 가지고 제작한 EBS의 유아프로그램 <수학이 야호> 제작에 참여하였다. 2016년 8월 30일부터 주1회 1년간 52회를 방영하였고 그 후 재방송을 하고 있다. 만 3~5세 유아가 배워야 할 수학개념을 통해 생활 속에서 주인공 '뚜뚜'와 '하리'가 갈등을 해결해나가는 모습을 보며 유아들은 수학을 배운다. 또 유아들이 선호하는 동화 속 주인공이 등장하는 애니메이션과 수학개념이 담긴 챈트로 유아들이 친숙하게 수학을 접할 수 있는 프로그램이었다.

현재 통용되고 있는 이탈리아의 화폐 1,000리라에는 몬테소리의 초상화가 그려져 있다. 그녀의 위대한 업적과 탁월한 영향력을 알 수 있는 증거이다.

그림 2-7 몬테소리 초상화가 그려진 이탈리아 화폐

4 듀이의 유아수학교육

그림 2-8 듀이

출처: http://www.kyosu.net/

미국교육에 지대한 영향력을 미친 교육학자 듀이(J. Dewey, 1869~1952)는 수학은 문제해결의 수단으로 유아의 요구와 흥미에 부합될 때, 비로소 가장 효과적인 학습이 이루어진다고 주장했다. 이러한 그의 주장은 단순한 암기나 문제풀이 연습이 아니라 일상생활과 밀접한 생활중심, 아동중심, 흥미중심의 교육과정을 제창하였다. 그는 수학의 가치란 수학이라는 학문 그 자체가 아니라 수학에서 발생하는 결과에 있다고 생각했으므로, 문제해결의 과정을 통해 수학적 관계와 의미를 발견하는 것이 중요하다고 보았다.

그의 교육관에 동조하는 학자들은 체계적인 수학을 반대하고 놀이와 경험에 의한 우발적인 학습이론을 이어갔다. 따라서 유아는 이 세계를 자유롭게 탐색하고 관계나 패턴 등의 규칙성을 발견하면서 능동적으로 지식을 구성하는 존재이며, 수학교육은 유아의 선천적인 호기심을 충족하는 과정에서 우발적으로 나타나는 결과이어야 한다고 주장하였다.

결과적으로는 당시 수학교육에 많은 영향을 미친 손다이크(Thorndike)나 스키너(Skinner)의 이론이 유아교육에 수용되지 못하도록 하였다(한유미, 2009; 홍혜경, 2009). 이러한 놀이중심 학습이론은 초등교육에 적용되었던 암기, 반복학습, 교사가 주도하는 교수법 등이 유아교육에 자리잡지 못하도록 막아주는 방패가 되어주었다. 우리나라에서 2020년부터 시행할 「2019년 개정 누리교육과정」은 듀이의 사상과 일맥상통한다. 하지만 생태교육의 철학이 많이 반영된 것이 듀이와 차별화된다.

프뢰벨의 기하학적 수학교육의 방법이 형식적이고 구조적이라면, 몬테소리의 수학교육은 체계적으로 미리 계획된 교육이었으며, 듀이의 수학교육은 사회적 역할놀이나 극놀이의 활용에 가치를 둔 것이었다. 특히 듀이는 프뢰벨의 은물 중 나무 적목의 활용에 가치를 인정하면서 은물의 일부분을 실제 크기로 확대, 변형하여 창의적인 쌓기 놀이 활동으로 수용하기도 했다(한유미, 2009; 홍혜경, 2009).

그림 2-9는 필자가 자유보육을 하는 일본 후쿠오카시의 M유치원을 방문했을 때 유아들이 적목을 쌓는 장면이다. 프뢰벨의 철학을 가지고 보육하는 유치원답게 교사는 유아들에게 위험성을 경고하면서 두려움을 주는 것이 아니라, 성취감을 누릴 수 있도록 사다리까지 갖다 주면서 조력자의 역할을 훌륭히 해내는 장면이다.

자유롭게 적목놀이하는 유아

적목놀이하는 유아

그림 2-9 프뢰벨 교육철학을 반영한 유아교육기관

출처: 일본 후쿠오카의 M유치원(2014).

5 슈타이너의 유아수학교육

루돌프 슈타이너(Rudolf Steiner, 1861~1925)는 헝가리(현재 크로아티아)에서 태어나 대학에서 수학과 자연과학을 전공하였다. 칸트와 괴테의 사상을 기반으로 학문의 기초 위에서 영혼을 연구하는 새로운 자신의 연구방법을 인지학(人智學, Anthroposophy)이라고 명명했다. 즉, 인지학이란 세계에 관한 관념이나 인간이 세계를 보는 보편적 개념을 의미하는 인간의 지혜를 다루는 학문이다(조성자, 2015).

그림 2-10 루돌프 슈타이너(Rudolf Steiner, 1861~1925)

출처: http://upload.wikimedia.org

그는 1912년 독일 베를린에 인지학 협회를 결성한 후 저서를 통하여 인지학을 확산시켰고, 1919년 '자유 발도르프 학교'를 개설하였다. 인지학은 '인간

영혼에 지혜를 부여하는 것'을 의미한다. 따라서 슈타이너의 교육은 육체, 영혼, 정신이 조화를 이루며 영혼의 활동인 의지, 감정, 사고가 신체와 정신을 잘 매개할 수 있도록 발달시키는 것이다(강상희, 2002).

슈타이너는 인간을 우주와 긴밀히 연관된 우주적 존재로 인식하였으며 우주의 구성물인 광물, 식물, 동물 그리고 우주를 운행하고 있는 보이지 않는 정신적 힘을 모두 가진 존재로 인식하였다. 즉, 인간은 신체와 정신, 영혼이 통합적으로 작용하는 존재로 물질, 생명, 감정, 자아라는 4가지 구성요소를 가진다는 것이다.

그는 인간이 7년 주기로 발달단계에 변화가 일어난다고 보았다. 태내 10개월은 물질체, 7세까지는 생명체, 14세까지는 감정체, 21세까지를 자아체로 보았다. 생명체인 유아기에 관하여, 어린이는 자신을 둘러싼 물리적 환경과 사물을 지각하고 관심을 갖고 관계를 맺으면서 사람의 행동을 모방하면서 발달한다. 외적인 행동뿐만 아니라 자기 환경에 있는 사람의 생각과 느낌, 즉 정신세계와 도덕적인 면까지 흡수한다는 것이다(조성자, 2015).

발도르프 교육의 목적은 인지적인 교육을 반대한다. 전인적 인간교육을 추구하기 위해 율동과 예술(음악, 미술)에 근거하는 신체의 움직임을 주요한 학습원리이자 학습방법으로 제시한다. 유아교육에서 배움이란 보고, 듣고, 만져보고, 느끼면서 유아 스스로 사물을 체험하는 것이다. 따라서 유아의 내면세계가 표현되고, 잠재되어있는 능력을 경험하도록 학습 방법을 도입하고 있다. 발도르프 유치원에서는 우주를 비롯한 모든 것에 리듬이 있으므로 1년과 계절의 리듬, 음악의 리듬, 생활의 리듬을 유아가 교실에서 호흡하듯이 활동을 계획하고 실천한다(윤기영 외, 2012).

슈타이너는 내면의 표현방법으로 포르멘의 선묘활동, 음악적 리듬활동을 중요시했다. 발도르프 학교의 수학교육은 수와 연산에 그다지 큰 비중을 두지 않는다. 1919년 슈투트가르트의 '열린 교사세미나'에서 슈타이너는 포르멘 선묘를 제안하였다. 포르멘 선묘에서의 선은 어떤 형태의 윤곽을 경계 짓는 선이 아니다. 연속적이고 움직이는 형태의 선이다. 끊어질 듯 끊어지지 않고 이어지며, 한쪽 방향으로만 그려지는 것을 경계한다.

유아 각자가 그려내는 서로 다른 선의 운동을 따라 자신의 내면의 힘을 선에 실어, 몸도 마음도 선과 함께 움직이면서 그 움직임으로부터 형태를 만들도록 한다. 그러면 형태의 굽은 정도와 곧은 정도, 리듬과 운동에 대한 느낌이 새로운 예술적 체험으로 이어진다고 말한다(엘른스트 슈베르트, 2016).

그림 2-11 직선 그리기의 예 그림 2-12 에너지가 강한 곡선 그리기의 예

선묘 그리기의 가장 큰 장점은 유아들의 소근육 발달을 촉진하며 눈과 손의 협응력을 증진시키는 것이다. 단순히 손으로 형태를 그리는 것이 아니라 형태를 느끼고 눈으로 그린 것을 확인하면서 그 움직임의 느낌을 말로 표현할 수 있도록 한다. 형태 그리기는 완벽한 선의 그림을 추구하는 것이 아니라 손과 눈의 형태에서 유기적 관계에 의하여 표현되는 일련의 과정이기 때문이다(위의 책, 2016).

슈타이너는 <발도르프 교육의 방법론적 고찰> 첫 번째 강의에서 다음과 같이 말했다.

"어린이에게 선 그리기나 회화적으로 이런 저런 것을 종이에 그리게 하면 어린이는 상상할 수 없을 정도로 큰 기쁨을 느끼고, 우리가 어린이에게 가르치려는 방향으로 어린이는 저절로 성장할 것입니다."

슈타이너의 목표는 적절한 선묘활동을 통하여 움직임과 멈춤, 반복, 강화 등의 형태와 자유 형태 사이의 공간적 관계성을 알게 하는 것이다. 그는 선묘그리기 과정에서 색연필보다는 수채화나 크레용, 오일파스텔을 이용하는 것을 추천하였다. 이유는 괴테의 색채론에 근거하여 색채에 대한 충분한 경험을 통하여 추상적인 선이 구체적으로 인식된다는 것과, 사람은 굵기가 다른 선을 그리노라면 다른 느낌을 받기 때문이라는 것이다(교육예술, 2016).

생각할 문제

① 프뢰벨과 몬테소리의 유아수학에 관한 교육관을 비교하여라.

② 듀이의 유아수학에 관한 견해를 「2019 개정 누리과정」의 유아수학에 접목할 것이 무엇인지 생각하여라.

③ 슈타이너의 유아수학에 관한 견해를 「2019 개정 누리과정」의 유아수학에 접목할 것이 무엇인지 생각하여라.

Chapter

03 유아수학교육의 이론

1. 피아제의 인지적 구성주의이론
2. 브루너의 표상이론
3. 비고츠키의 사회문화적 구성주의이론
4. 가드너의 다중지능이론
5. 뇌 인지과학이론

학습목표

20세기 대표적인 유아교육학자 피아제, 브루너, 비고츠키, 가드너 등에 관한 유아수학교육의 이론을 조명한다.

학습내용

유아수학교육에 영향을 미친 인지적 구성주의이론, 표상이론, 사회문화적 구성주의이론, 다중지능이론, 뇌 인지과학이론에 관하여 비교분석한다.

1 피아제의 인지적 구성주의이론

피아제(Piaget, 1896~1980)는 유아가 환경과의 상호작용을 통해 능동적으로 지식을 구성한다고 주장한다. 유아는 기존의 진리나 규칙을 단순히 복사하지 않고, 스스로 창조적 활동을 통해 나름대로 새로운 지식이나 규칙을 구성하는 인지적 구성주의자라는 것이다. 즉, 인간은 환경에 적응하기 위해 인지구조를 가지고 태어난다고 보았다. 인지구조란 사물이나 사건을 이해하는 틀이라고 말할 수 있다.

유아가 환경 속에서 획득한 새로운 감각운동의 기능을 스키마(schema, 도식)라고 하며, 보통 약 2세경까지 영아의 인지발달은 감각 운동적 스키마가 정교화되는 과정이다. 2세를 전후하여 표상(representation)이 형성되고, 이를 바탕으로 한 인지구조가 발달하게 되면 내적사고가 가능하게 된다.

기존의 인지구조를 변화시키지 않고 새로운 사물이나 사건을 해석할 수 있을 때를 동화(assimilation)라고 하며, 자신이 가지고 있는 스키마와 구조가 새로운 대상을 이해하는 데 적합하지 않을 때, 기존의 스키마나 구조를 새로운 대상에 맞게 바꾸어 가는 인지적 과정을 조절(accomodation)이라고 한다. 그리고 동화와 조절이 균형을 이루도록 하는 적응의 과정을 평형화(equilibration)라고 설명한다(송명자, 2005).

새로운 [스키마]를 가짐 → [표상]이 형성됨

→ ① 기존의 인지구조로 해석하면 [동화]가 이루어짐
② 새로운 인지구조의 필요성을 인식하고 바꾸게 되면 [조절]이 이루어짐

→ 동화와 조절이 균형을 이루면 [평형화]가 됨

피아제는 1941년 『아동에 있어 수의 기원』을 발간하였는데, 아동의 수학교육의 기원이라고 말할 수 있다. 그에 의하면 아동은 먼저 수의 보존개념이 생기고, 그 다음 수량의 보존개념, 무게의 보존개념으로 발전하고, 10~11세가 되면 부피의 보존성이 생긴다고 말했다. 피아제의 보존개념을 실험한 연구는 질적 연구의 효시로 평가된다.

1963년 아동들의 공간개념이 어떻게 발달하는지를 연구하기 위해 유아에서 초등 저학년까지 질적 연구를 통하여 『아동의 공간개념의 발달(The Child's Conception of Space)』을 발간했다. 피아제는 학교수학의 중등단계나 대학에서 가르치는 위상수학의 개념을 어린 유아와 초등생들이 유클리드기하 개념보다 오히려 먼저 이해한다는 놀라운 사실을 발표하였다(계영희·김진숙, 2003).

<아동의 보존개념 발달순서>

수 → 수량 → 무게 → 부피

유클리드의 기본 모양을 나타내는 21개의 도형을 그리라고 한 후에 아동들의 능력을 조사한 실험결과에서 만 4세 이하의 아동은 원형, 사각형, 삼각형을 모두 똑같은 방법으로 하나의 불규칙한 폐곡선으로 나타냈으나, 만 4세부터 5, 6세의 아동은 유클리드 기하의 모양을 점진적으로 구성하기 시작하였다. 곡선과 직선, 원과 삼각형은 구별하여 그렸지만 삼각형, 사각형, 오각형 같은 다각형의 도형들은 구별하지 못하였다. 하지만 만 6, 7세가 되자 21개의 모든 도형을 재구성하거나 그대로 그릴 수 있는 것으로 나타났다(계영희 · 김진숙, 2003).

앞에서 설명하였듯이, 위상수학(topology)에서는 도형과 형태들을 늘일 수도 있고, 줄일 수도 있으므로 '고무막 위의 기하학(rubber geometry)'이라 부르기도 한다. 그의 이론은 학습에서 환경에 능동적으로 반응하는 유아 자신의 역할을 중시하면서, 유아 스스로 수학적 관계성을 찾아 지식을 구성하게 하는 브루너의 발견학습으로 이어진다.

피아제의 학설은 수세기, 수의 연산, 지필식 계산 등 교사의 주도적인 교수법을 비판하고 유아를 능동적인 학습자로 보았으므로, 유아의 흥미와 관심을 파악한 뒤 놀이를 통한 수학교육이 유아의 자발적인 흥미를 끌어내는 효과적인 방법으로 부각되었다. 몬테소리 교구가 철저하게 계획적으로 지침을 따르는 것에 반하여, 피아제는 유아가 독자적, 자율적으로 물체를 조작하는 개별 활동과 교사와의 상호작용을 중요시한다는 것이다(한유미, 2012).

피아제의 이론이 유아교육에 주는 시사점은 더하기, 빼기와 같은 논리적 조작을 요하는 연산은 유아기에 도입해서는 안 되므로 구체적 조작기까지 기다려야 하고, 관습적으로 숫자를 쓰는 것은 비교육적이라고 말한다. 숫자와 같은 기호와 언어적인 상징은 유아의 논리적 구조가 발달된 이후에 도입되어야 함을 시사한다(이지현, 1999).

그러나 피아제의 학설도 비고츠키이론에 의해 비판을 받는다. 실례로 21세기 유아들은 스마트폰의 작동을 능동적으로 유연하게 할 줄 안다. 사회·문화적 맥락 속에서 인지적 구성주의의 이론을 뒷받침하고 있는 것이다. 현재 누리교육과정에 의하면 유아에게 가르쳐야 할 수는 20까지로 되어 있다. 그러나 실제로 50층 이상 초고층 아파트에 살고 있는 유아들의 경우 20보다 큰 수를 알아야 하고 또 배워야 할 필요성이 있다. 따라서 EBS <수학이 야호>에서는 동물들이 살고 있는 100층 초고층 아파트에서 벌어지는 에피소드를 애니메이션으로 제작하여 유아들에게 수개념을 확장시켰다.

2 브루너의 표상이론

그림 3-1 브루너

출처: http://00.edu-cdn.com/

미국의 교육심리학자인 브루너(J. Bruner, 1915~1966)는 1950년대 듀이의 생활중심교육을 비판하였으며, 『교육과정』을 저술하여 수학교육의 개혁을 주장하여 '새수학'의 틀을 제공한 인지혁명의 선구자였다. 그는 교과의 기본적인 아이디어인 '구조'를 유아의 발달수준에 맞게 재구성하여 적절한 형태로 제시하면 어떠한 내용도 학습될 수 있다고 주장하였다.

그는 문화와 전통을 중요시한 교육학자로서, 사회화과정이 인지발달에 미치는 영향을 매우 중시했으며 사회적, 역사적 경험을 전달하는 수단으로써 언어의 역할을 중요하게 보았다. 브루너는 피아제의 이론을 본질적으로는 수용하면서도, 한걸음 더 나아가 실제로 적용했으므로 피아제를 능가했다고 평가된다.

브루너의 대표적인 이론으로는 구조학습, 발견학습, 표상이론을 꼽는다. 구조학습은 폭발적으로 발생하는 지식과 정보를 유아가 다 학습할 수 없으므로 경제적으로 학습전략을 세워 유아 스스로 적극적인 참여로 지식의 생성과정을 이해하도록 돕는 과정을 말한다.

교과의 구조란 학문의 기조를 이루는 일반적인 아이디어나 기본 개념 및 원리를 지칭하는 것으로, 각 교과가 학문에 기반한다는 의미에서 '학문의 구조' 또는 '지식의 구조'라고 부른다(한유미, 2012).

브루너의 발견학습은 학교수업에서의 발견을 강조한다. 즉, 모든 지식은 내적 연관성과 의미를 가지고 있으므로 발견과정에서 구조와 의미를 찾도록 하는 것이 학교 수업의 의의를 높이는 것이라고 주장한다.

발견학습에서 중요한 점은, 학습자인 유아의 잠재력이 발휘되도록 학습에서 연관성과 규칙을 발견하도록 지지하고 격려하면, 내적보상인 발견의 기쁨을 누리게 되며 나아가 발견의 내용을 일반화할 수 있는 능력이 생성된다는 것이다.

한편, 브루너는 모든 지식이 유아가 이해할 수 있는 단순한 형태에서 상징적이고 추상적인 형태로 발전시킬 수 있다는 신념하에 '표상'이란 개념을 제시하였다. 그는 피아제의 인지발달이론의 영향을 받아 유아의 지능이 활동적 표상과 영상적 표상 그리고 상징적 표상의 순서로 발달한다고 보았다.

활동적 표상(또는 동작적 표상)은 학습자가 수학적 개념이나 원리를 이해하기 위해 실물을 가지고 구체적으로 조작을 해보는 표현양식의 첫 단계이다. 가령, 등식의 성질을 이해하기 위해 시소를 타보거나 양팔저울을 조작해보는 것이 이 단계에 속한다(권영례, 2010).

영상적 표상은 실물을 가지고 조작을 해보는 것이 아니라, 머릿속으로 상상할 수 있도록 실제 물체 대신에 사진이나 그림, 도표 등을 사용하는 단계이다. 예를 들어, 유아들이 달력에 날씨를 표시할 때 스티커를 사용하여 붙이거나, 실물사진을 활용하여 통계자료를 만드는 활동 등이 이 단계이다.

마지막으로 상징적 표상은 이미지에 의존하지 않고, 언어, 문자, 기호, 수학공식 등을 사용하는 단계이다. 형식적 조작기와 같이 눈으로 보거나 직접 경험하지 않은 것에 대해서도 논리적 사고가 가능하여, 가설을 세워 논리를 전개하며 검증을 할 수 있는 단계를 말한다.

활동적 표상 (동작적 표상)	영상적 표상	상징적 표상
구체적으로 동작(조작)하는 단계	사진, 그림, 도표를 사용하는 단계	언어, 문자, 기호를 사용하는 단계

브루너의 표상이론이 유아교육에 주는 시사점은, 수학교육의 내용을 인지발달에 따라 표상양식만 잘 조절하면 성인의 내용을 유아에게도 가르칠 수 있으며, 실제로 수, 패턴, 측정, 확률의 개념을 유아의 발달단계에 따라 심도 있게 논의할 것을 촉구하는 것이다. 발견학습이론은 수학과 같이 지식의 구조가 뚜렷한 교과에는 유용하다. 때문에 유아의 경우 시행착오로 시간이 많이 걸리더라도 일단 발견학습에 의해 얻어진 지식은 쉽게 잊어버리지 않으며 다른 학습과제를 쉽게 이끌어줄 수 있는 장점이 있다(한유미, 2012; 권영례, 2010).

브루너의 이론을 반영하듯이 EBS <수학이 야호>는 52주 교육과정을 5개 영역으로 나누었다. 수 감각과 연산, 공간과 도형, 측정과 비교, 규칙성과 문제해결, 자료수집과 분류로, 이는 미국 NCTM이 제시하는 유아수학의 교육과정과 우리나라 중학교 수학교육과정과도 구조가 유사하다.

3 비고츠키의 사회문화적 구성주의이론

그림 3-2 비고츠키

출처: http://cbnu-id.wikispaces.com/

비고츠키는 지식이 인간 내부에서 구성되어간다는 점에서는 피아제와 같은 입장이지만, 사회적 요인을 강조함으로써 사회문화적 구성주의자로 불린다. 유아를 지식을 구성하는 능동적인 존재로 본 것은 피아제와 같은 견해였고 피아제가 수학적 사고와 획득과정이 보편적이라고 보았다면, 비고츠키는 사회적, 역사적 맥락이 유아의 인지과정의 틀을 제시한다고 보았다. 그러므로 사회적 요인과 언어의 영향을 강조했다.

비고츠키의 견해에 의하면 유아의 지식은 머릿속에 독자적으로 존재하는 것이 아니라, 참여하는 사회활동의 패턴에 존재한다고 보았다. 인지능력을 사회적, 맥락적 지원의 종류에 영향을 받으며 성숙한 사회 구성원과의 공유하는 활동이 중요함을 강조하고 있다(홍혜경, 2009). 그의 교수학습방법은 오늘날 미국의 수학교육과정 개선에 대한 NCTM에 주요한 지침이 되고 있다.

비고츠키의 이론에 의하면, 수학적 지식도 사물과의 상호작용보다는 다른 사람들과의 상호작용을 통해 구성된다는 것이다. 가령, 영아기부터 수세기나 게임, 퍼즐 같은 활동을 할 때 아기가 형제·자매, 엄마와 함께 상호작용을 하면, 그 문화에 독특한 요인이 포함되므로 문화적 토대 위에 또 다른 공유된 경험이 장차 유아의 수학적 지식으로 내면화될 수 있다는 것이다. 그런데 이 과정에는 반드시 언어라는 매개체가 있어서 참여자들이 함께 말을 하거나, 그림을 그리거나 글을 쓰는 등 의사소통이 있어야 한다는 것이다.

이는 유아에게 질문과 설명이 논리적 관계를 분명하게 해주어 유아 스스로 논리를 내면화시킬 수 있기 때문이며, 언어는 인간의 고등정신의 기능인 동시에 시대적인 산물로 각 언어공동체가 공유하고 있는 지적 특성이 있기 때문이다(이지연, 1999; 한유미, 2012).

비고츠키의 이론 중 그를 유명하게 한 것은 '근접발달영역'이다. 피아제는 유아를 스스로 발견하고 독립적으로 지식을 구성하는 존재로 보았는데, 비고츠키는 유아를 자기보다 조금 유능한 또래나 성인과 상호작용을 하면, 유아가 혼자 할 때보다 훨씬 더 어려운 문제를 많이 해결할 수 있다고 주장했다. 이미 우리가 생활 속에서 체득한 사실로 비고츠키는 이를 '근접발달영역(zone of proximal development)'이란 개념으로 설명했다. 류성림(1999)의 연구에 의하면 실제적 발달수준보다 근접발달영역이 인지발달과 가르침에 더 성공적 요인으로 중요하다는 것이다.

EBS <수학이 야호>에서는 주인공 '뚜뚜와 하리'가 해결 못하는 수학문제가 나오고 친근한 캐릭터 호랑이 '야호'랑 갈등을 느낄 때, 누나가 등장하여 해결을 해준다. 교사나 엄마가 아니다. 비고츠키의 근접발달영역의 이론을 바탕으로 프로그램을 설계하였기 때문이다.

그림 3-3 수학이 야호

출처: EBS KIDS.

비고츠키 이론이 유아교육에 주는 시사점은, 부모가 유아에게 높은 수준의 것을 강요하면 오히려 학습의 역효과를 초래하므로 유아의 수준보다 약간 높은 수준의 것을 또래나 형제자매와의 협동학습으로 하면 그 효과가 증대된다. 또 사회문화적 환경에 따라 수학교육의 내용과 방법을 달리하는 융통성 있는 교수법을 지향해야 하고, 교사나 부모는 힌트와 발문으로 보다 적극적으로 유아의 수학문제 해결을 돕는 것이 필요하다.

4 가드너의 다중지능이론

지능이란 사회가 추구하는 가치를 실천하는 행동과 관련된 개념으로 문화맥락적인 경향을 가진다. 산업사회에서는 언어와 수리능력을 가치 있는 인지능력으로 보았다면, 정보화시대인 후기 산업사회에서는 추리와 공간적 능력, 융합과 창의성을 인지능력으로 이해한다. 이처럼 지능은 사회변화에 따라 변화하는 개념이다.

그림 3-4 가드너

출처: http://www.apbspeakers.com/

하버드 대학의 가드너(Gardner) 교수는 지능을 문제해결능력 또는 특별한 것을 만들어내는 능력으로 정의하면서 종래 지능의 개념이 논리·수리적 능력을 지나치게 강조해왔던 것에 대하여 반박하는 『정신의 구조: 다중지능이론』을 출간하였다.

그는 지능(intelligence)과 재능(talent)을 동일한 용어로 간주하며 지능은 지적활동의 산물(product)인 동시에 과정(process)이며, 내용(content)인 동시에 형태(style)로서 이 모두를 아우르는 것이라고 주장했다. 즉, 기존의 관점과 다르게 다양한 능력이 포함된 9개 영역으로 제시하였다. 곧 논리·수학지능, 언어지능, 음악지능, 공간지능, 신체운동지능, 대인관계지능, 자기이해지능, 자연탐구지능, 실존지능 등이다(문연심, 2009; 권영례, 2010, 홍혜경, 2009).

1) 논리·수학지능

논리·수학지능이란 수학이나 과학에서 필요로 하는 수리적·논리적 사고와 관련된 능력으로, 과학적 사고라고도 불린다. 이 지능이 높은 사람은 연산과 추론이 필요한 수학문제풀이, 기억과 상상, 유추를 요하는 과학적 실험과 탐색, 추상적 패턴과 관계인식 및 연역적·귀납적 사고를 좋아한다. 일반 언어보다 숫자와 수식, 그래프, 프로그래밍 언어와 같은 인공언어로 논리적 사고하기를 좋아하므로, 수학자, 과학자, 컴퓨터 프로그래머, IT 분야의 종사자 등 관련 분야의 연구원 등으로 활동하는 사람이 많다.

2) 언어지능

언어지능이란 한마디로 말로 생각하고 언어를 사용하는 능력이다. 언어지능은 인체의 뇌, 브로카(Broca) 영역에서 담당하는데 소리, 리듬, 의미의 민감성, 언어의 습득을 관장한다. 출생 시 브로카 부위가 손상된 유아는 언어가 어눌하므로 특수치료가 필요하고, 후천적으로 사고나 질병으로 이 부위가 손상되면 정확한 의사표현에 어려움을 겪을 수 있다. 언어지능이 우수한 사람은 시인, 문학가, 언론인, 정치가, 교사 등으로 활동하는 사람이 많다.

3) 음악지능

음악지능은 소리, 리듬, 진동과 같은 음과 리듬의 세계에 민감하고, 사람의 목소리와 같은 언어적인 형태의 소리는 물론이며, 비언어적인 소리에도 예민한 능력을 말한다. 따라서 음악의 형태와 장르 등을 잘 구별하고 작곡하는 것을 좋아한다. 이 지능이 높은 사람은 성악가, 작곡가, 음악가, 대중음악 가수, 음악평론가, 뮤지컬·오페라 관련 종사자 등으로 활동하는 사람이 많다.

4) 공간지능

공간지능은 시각적, 공간적 세계를 정확하게 지각하고 그 지각한 내용을 머릿속에서 변형, 회전시켜 볼 수 있는 능력을 말한다. 또한 색상과 선, 모양, 형태, 공간적 요소들 사이의 관계에 대하여 민감하다. 뇌의 연구에 의하면, 두뇌의 우측반구가 공간적 지능과 관련이 있으며, 이 지능은 시각능력과 관계가 깊기 때문에 지식을 도표, 지도, 그림 등으로 표현하길 좋아하며, 시각 디자인, 그림 그리기, 만들기 등 예술적 경향이 풍부하다. 이 지능이 높은 사람은 건축가, 항해사, 실내디자이너, 무대연출가, 조각가, 화가, 미술가 등으로 활동하는 사람이 많다.

5) 신체운동지능

이 지능은 자신의 신체적 동작을 통제하고, 균형을 잡으며 민첩하게 행동하는 태도 등을 조절할 수 있는 능력을 말한다. 신체운동지능은 자신의 생각이나 느낌을 글이나 그림으로 표현하기보다는 몸동작으로 표현하는 것을 좋아하는 능력이다. 이 지능이 높은 사람은 무용가, 운동선수, 외과의사, 스포츠 해설가, 배우, 마술사 등으로 활동하는 사람이 많다.

6) 대인관계지능

대인관계지능은 손다이크(Thorndike)의 사회지능과 유사한 개념으로, 대인관계와 의사소통을 관장한다. 즉, 가정이나 단체, 직장에서 타인의 기분과 기질, 동기, 의도를 잘 파악하고 적절히 대하며 행동하는 능력을 말한다. 그러므로 이 지능은 다른 사람의 기분, 감정, 의향, 동기를 인식하고 구분할 수 있는 능력과 얼굴표정, 음성, 몸짓에 대한 감수성, 다양한 힌트와 신호, 단서, 암시 등을 변별하는 역량과 이에 대한 대처능력을 말한다. 이 지능이 뛰어난 사람은 사교성이 있으므로, 교우관계에서는 구심점이 되기도 하고, 정치인, 성직자, 사회복지사, 카운슬러 등으로 활동하는 사람이 많다.

7) 자기이해지능

이 지능은 자기 자신의 느낌, 장단점, 특기, 희망사항, 관심 등을 잘 파악하고, 감정을 다스리는 능력, 신체적 컨디션과 행동을 잘 조절하는 능력을 말한다. 대인관계지능과 유사한 것은 종교인에게서 발견되는 능력으로, 자기 자신을 이해하고 느낄 수 있는 인지적 능력이다.

이 지능이 높은 사람은 자아 존중감이 높아 자기가 처한 문제를 해결하는 문제해결력이 강한 반면에, 낮은 사람은 자폐증 환자처럼 자신을 주변 환경으로부터 독립된 존재로 인식하는 데 어려움을 겪는다. 자기이해지능이 높은 사람은 목사, 신부, 승려와 같은 종교인, 소설가, 심리학자, 심리상담가 등으로 활동하는 이들이 많다.

8) 자연탐구지능

자연탐구지능은 가드너의 다중지능이론 중 최근에 첨가된 항목으로, 동식물과 주변 사물을 자세히 관찰하여 차이점이나 공통점을 찾고 분석하는 능력을 말한다. 즉, 자연현상에 대한 유형을 규정하고 분류하는 능력이므로, 이 지능이 높은 사람은 동물학자, 식물학자, 지질학자, 환경보호 및 운동가 등으로 활동하는 이들이 많다. 대표적 인물로는 진화론을 주장한 다윈(C. Darwin)이 있다.

9) 실존지능

실존지능에 해당하는 영역은 뇌에서 찾을 수가 없는 것이 특징이다. 이 지능은 처음에 영적지능으로 불리었을 정도로 인간의 존재이유, 생과 사의 문제, 희로애락, 인간의 본성 등 종교적인 사고를 할 수 있는 능력을 말한다. 이 지능은 아동기에는 거의 나타나지 않으므로 가드너는 앞의 8가지 지능과 달리 반쪽 지능으로 간주하기도 했다. 이 지능이 높은 사람은 철학자, 종교인 등으로 활동하는 이들이 많다.

가드너의 다중지능이론이 유아교육에 주는 시사점은 지식의 종류가 다양하므로, 유아들이 지식을 획득할 때 다양한 형태와 방법으로 유아 스스로가 표현할 기회를 제공하도록 해야 한다는 것과 지식을 설명하기보다는 시각적, 청각적으로 또 운동을 통해서도 표현할 수 있도록 지지해야 하고, 유아 개개인의 특성에 맞는 표현의 방법이 중요하다는 것이다.

5 뇌 인지과학이론

최근의 뇌 인지과학이론에 의하면, 인간의 뇌 발달은 경험과 환경과의 상호작용에 의해 달라지며 일찍이 경험하는 유아기의 교육활동은 두뇌 형성에 도움이 됨을 밝혔다. 종래에는 두뇌발달이 선천적인 유전인자에 의해 달라지고, 3세 이전의 경험은 뇌 발달에 크게 영향을 주지 않는다는 견해였다. 또한 뇌 발달은 직선적으로 이루어지므로 성인이 될 때까지 일정하게 학습한다고 보았다. 그러나 최근의 이론에 따르면, 유아기의 경험이 부족할수록 뇌 발달은 다른 어느 시기보다도 피해가 크며, 유아기의 교육은 인간의 발달과 학습능력 및 정서조절에 결정적이고 지속적인 영향을 준다고 주장한다(곽노의·김유미, 2001).

인간의 기억과 사고, 문제해결을 위한 정보처리를 담당하고 있는 두뇌는 그 기능과 역할이 매우 미묘하고 복잡하다. 가장 바깥쪽을 감싸고 있는 대뇌피질은 위치에 따라 전두엽, 후두엽, 측두엽, 두정엽으로 부른다. 물론 각각의 기능과 역할도 다 다르다.

전두엽은 피질의 가장 넓은 부위로 신체부위를 마음대로 움직이고, 과거와 미래를 생각하고, 주의를 집중하여 문제를 해결하는 일 등 가장 복잡한 기능을 수행한다. 후두엽은 외부 세계에서 들어오는 시각자료인 이미지를 처리하는 센터로, 자극이 시각피질에 이르면 일차적인 시각영역에서 처리된다.

측두엽은 청각적, 언어적인 정보를 처리하는 일을 한다. 측두엽의 왼쪽에 있는 '베로니카 영역'은 언어를 이해하고 해석하는 일을 관여하고, '브로카 영역'은 주로 말하기를 담당한다.

마지막으로 두뇌의 맨 위에서 뒷부분에 걸쳐있는 두정엽은 고차원적인 감각처리와 언어처리를 담당한다(문연심, 2009). 이처럼 복잡한 두뇌의 조직과 구조에 의해 인간의 정신활동이 매순간 이루어지고 있는 것이다.

인간이 처음 신생아로 출생할 때의 신경세포인 뉴런은 약 1,000억 개 정도인데, 이 뉴런의 역할은 정보를 받아들여 작업을 하고, 처리하고 전달하는 다양한 기능을 수행한다. 뉴런과 뉴런사이의 연결부위에 있는 좁은 틈을 시냅스(synapse)라고 부르는데, 바로 여기서 학습이 이루어진다. 즉, 시냅스는 뇌의 회로인 셈이다. 모든 정보는 뇌세포인 뉴런 속에 들어가는 것이 아니라, 뉴런과 뉴런사이의 연결망인 시냅스에 정보의 흔적을 남기며 기록된다.

그러므로 유아는 개별적으로 특유의 뇌 그물망을 형성하면서 개성 있는 고유한 인간으로 성장해나간다고 말할 수 있으며, 학습을 통해 뇌의 능력을 향상시키는 것은 뉴런 사이의 연결을 촉진하고 증가시키는 것을 의미한다. 결론적으로 유아들의 정보그물망을 튼튼하게 만드는 방법은 오감(시각, 청각, 후각, 미각, 촉각)을 동원하여 기억하고, 이미지로 연결하도록 환경을 지원해주어야 한다.

좀 더 구체적으로 뇌의 성장을 관찰하면, 전두엽이 가장 활발하게 성장하는 2~4세 유아들은 이 때 정서지능이 매우 활발하게 발달하고, 그 후 10세까지는 서서히 증가를 하며, 5~7세경에는 전두엽과 우뇌가 주로 발달하므로 종합적인 사고력이 증가하고 책임감, 독립심 및 사회적 역할이 현저한 변화를 보인다.

5~8세까지는 언어스키마의 기능을 담당하는 좌뇌와 공간스키마를 주관하는 우뇌로 분화를 하는데, 우뇌는 4~7세경이 최고의 성장기이며 좌뇌는 7~9세가 최고의 성장기라고 한다(최인숙, 2009). 그러므로 이 시기에 유아들에게 다양하고 풍부한 경험과 체험은 두뇌를 활성화시키며, 양쪽 뇌의 처리속도를 더욱 빠르게 작용하여 아이디어와 개념을 다루는 능력이 생기고 형식적인 추리가 가능해진다.

이를 종합해 보면, 두뇌의 발달은 앞의 전두엽에서 뒤의 후두엽 쪽으로 변화하도록 촉진하는 것이 바람직하며 효과적인 학습방법이다. 여기서 흥미로운 것은 뇌의 발달에서 정서적인 뇌가 먼저 발달하고, 인지적인 뇌가 그 후에 발달한다는 사실이다.

김상윤(2010)은 불안과 두려움의 감정은 유아의 인지발달을 저해하고, 즐거움과 기쁨의 행복한 감정은 창의성을 증진시키고 지능발달을 향상시킨다고 주장한다. 다시 말하면, 인지능력과 정서능력은 서로 상호작용하는 것으로 안정과 즐거움, 기쁨과 평안의 행복한 감정을 느끼지 못하면 뇌의 인지기능은 건강하게 성장하지 못한다는 것이다. 이에 신체활동을 겸한 신나는 놀이와 풍성한 이미지가 수반되는 음악, 미술, 동작과 함께 하는 수학교육이 효과적임을 시사한다.

뇌 인지과학이론이 유아교육에 주는 시사점은, 유아에게 제공하는 수학학습의 형태를 정서상태와 관심을 고려하여 풍부한 수학적 경험의 기회가 주어지도록 환경을 조성해야 한다는 것과 교수법을 다양하게 하여 학습과 정서, 기억이 상호작용하여 뇌의 복잡한 그물망 형성을 촉진하도록 힘써야 한다는 것이다.

생각할 문제

① 교육적인 측면에서 지능검사로 학생들의 수학적 능력을 테스트하였을 때의 문제점은 무엇인지 논하여라.

② 뇌발달을 촉진하는 수학적 환경에 대해 논하여라.

③ 비고츠키의 <근접발달영역>의 이론으로 판단할 때 유치원 혼합 연령반에서의 수학적 경험의 장점을 논하여라.

Chapter

04 유아수학능력의 발달

1. 유아의 수학적 기초능력
2. 유아기 수학개념의 발달특성

학습목표

세계수학교육을 선도하는 미국 수학교육의 방향과 유아의 수학적 기초능력과 발달 특성을 조명한다.

학습내용

NCTM의 수학교육에 관한 견해, 교사가 알아야 할 수학적인 지식, 과정, 태도와 영유아기 수학적 개념의 발달을 고찰한다.

21세기 사회는 글로벌시대로 우리 인류에게 많은 지식을 요구하고 있다. 과학기술의 발달로 사회 각 분야가 보다 정교해지고 복잡해졌기 때문이다. 수학과 관련된 일에 종사하지 않는 비전문가에게도 많은 수학적 소양이 필요하고, 첨단과학의 세계에 수학이 밀접하게 영향을 미치고 있으므로 수학교육은 과거보다 범위가 확장되고 있으며, 더 역동적이고 포괄적이 되었다.

유아들 또한 수학적 소양을 쌓는 일이 중요한데, 형식적인 수학활동에 접하기 전에 비형식적으로 유아들이 소유해야 할 지식과 기능, 경험, 태도와 가치를 갖도록 설계하는 것이 중요하다. 바루디(Baroody, 1987)는 유아수학교육의 궁극적 목적을 '유아들이 비형식적인 방법으로 터득한 수학적 개념을 보다 의미 있게 증진시키는 것'이라고 주장하였다.

현대 수학교육과정에서는 사실과 주장, 논리적 근거에 의한 데이터 분석, 실험결과와 입증된 이론을 구별하는 능력을 갖추도록 사고를 유도하며, 그 기회를 제공해야 한다. 그러면 유아수학교육에서는 어떻게 발달단계에 맞도록 기획하고 실천해나가야 할까?

1920년에 수학교육전문가들로 구성된 미국수학교사협의회 NCTM(The National Council of Teachers of Mathematics)은 현재 4개의 수학전문학술지와 교육자료를 발간하고 있으며, 세계수학교육 개혁운동에 많은 영향을 끼치고 있다. 4종의 전문학술지 중 「Teaching Children Mathematics」는 유치원과 초등수학교육의 향방을 제시함으로써, 세계수학교육에서 주도적인 역할을 담당하고 있다(계영희, 2010).

NCTM(1989)은 '학교수학교육의 교육과정과 평가기준(Curriculum and Evaluation Standard for School Mathematics)'에서 유치원 이전(preschool) 시기를 수학교육의 대상으로 새롭게 포함시키고, 수와 기하를 강조하였다. 또한 2000년에는 '학교수학의 원리와 기준(Principles and Standards for School Mathematics)'을 발표하면서 내용기준(Content Standards)과 과정기준(Process Standards)을 각각 5개씩 제시하였다. 내용기준은 수와 연산, 대수, 기하, 측정, 자료 분석과 확률이고, 과정기준은 문제해결, 추론과 증명, 소통, 연결, 표현이다.

이를 종합하여 보면, NCTM이 전 학년에 걸쳐 제시한 수학교육의 목적은 다음의 다섯 가지로 축약할 수 있다.

첫째, 수학의 가치를 인식하기
둘째, 수학을 학습하는 자신의 능력에 자신 갖기
셋째, 수학적 문제를 해결하는 사람 되기
넷째, 수학적으로 의사소통하는 방법을 배우기
다섯째, 수학적으로 추론하는 것을 배우기

최근 연구에 의하면, 현대 유아들이 과거의 아이들보다 유아교육기관에 다니는 기간이 길어졌고 학부모의 교육열이 증가됨에 따라 훨씬 많은 능력을 가지고 있는 것으로 밝혀졌다. 우리나라에서는 2013년 누리과정에 의한 수학교육과정을 다음 세 가지로 제시하였다.

첫째, 수학적 기본 개념과 원리를 이해한다.

둘째, 수학적 문제해결능력과 사고력을 증진시킨다.

셋째, 수학에 대한 긍정적인 태도를 형성한다.

1 유아의 수학적 기초능력

1) 수학적 지식

수학적 지식이란 유아가 수학에 대해 상황이나 사물의 관계를 지어볼 때 논리적으로 구성할 수 있는 지식을 말한다. 이러한 수학적 지식은 개념적 지식(conceptual knowledge)과 절차적 지식(procedural knowledge, 과정적 지식)으로 나눌 수 있다. '개념적 지식'이란 상황이나 사물의 관계에 대한 지식이며, '절차적 지식'이란 수학적 상황을 해결하는 데 필요한 규칙이나 절차 등에 관한 지식을 의미한다(NAEYC & NCTM, 2002).

그러면 무엇을 유아기에 다루어야 할 수학적 지식의 내용으로 선정할 것인가? 이에 대하여는 수학교육의 경향에 따라 변화되어 왔다. 실제로 우리나라는 행동주의 교육관, 생활중심 교육관, 인지적 구성주의, 발견학습 등 미국의 교육관을 곧바로 수용하여 반영해 왔다. 이 때문에 유아교육에서 전통적으로는 수세기와 수 개념의 발달에 초점을 맞추었고, 피아제의 인지발달론이 대두된 후에는 수 이전의 활동에 맞추어져 왔다. 최근에는 수학적 소양을 증진시키고 수학적 힘을 길러줄 수 있는 내용으로 구성해야 한다고 주장했으나, 「2019 개정 누리과정」은 놀이중심으로 변환되었다.

2) 수학적 과정

유아에게 가르쳐야 할 수학적 지식이 선정되면, 교사는 지식을 단순히 전달하기보다는 유아 스스로 문제를 해결하도록 다양한 수학적 경험을 할 수 있도록 수학적 과정을 격려해주어야 한다. 여기서 수학적 과정(mathematical process)은 유아의 경험 속에서 아이디어를 이해하고 능력을 확장시키는 데 필요한 기술인 동시에 수학적 지식을 발달시키는 중요한 수단이 된다.

수학적 과정에 관하여 클레멘트(Clement, 2000)는 문제해결하기, 추론과 증명하기, 의사소통하기, 표상하기를 제시했고, 케네디와 팁스(Kennedy & Tipps, 2000)는 의사소통하기, 문제해결하기, 추론하기를 강조했으며, NCTM(2000)은 '학교수학의 원리와 기준'에서 과정기준(Process Standards)으로 문제해결, 추론과 증명, 소통, 연결, 표현을 제시하였다. 이를 통해, 수학적 과정에서 공통적으로 필요한 세 가지는 의사소통하기, 문제해결하기, 추론하기임을 알 수 있다.

(1) 의사소통하기(communication)

수학적 과정에서 의사소통이란 유아가 수학적 상황과 일상의 언어를 수학적 언어와 상징으로 연관시키는 것이다. 즉, 수학으로 이해한 것을 학부모, 교사, 또래친구에게 말이나 글로 이야기하는 것을 의미한다. 수학적 의사소통은 유아로 하여금 체계적으로 생각하게 하고, 생각한 것을 분명하게 표현하게 하므로 자신의 생각에 확고한 믿음을 주는 중요한 요소이다. 따라서 교사의 책무는 유아들의 의사소통이 촉진되도록 유아가 흥미 있어 할 문제를 제시하여 유아들이 자기들의 생각을 설명하고, 또래들과 그 문제에 대하여 이야기해 볼 수 있는 기회를 제공할 필요가 있다(나귀옥 · 김경희, 2004).

TIP 교사의 의사소통 지도법

① 교사는 유아들의 이야기를 귀 기울여 듣는다.
② 교사는 유아들이 이해할 수 있는 수학적 언어를 사용한다.
③ 교사는 개별 활동보다 짝을 짓거나 모둠으로 해결할 수 있는 기회를 제공한다.
④ 교사는 유아가 생각을 정리 및 확장할 수 있는 발문을 한다.
- 예: 어떻게 그걸 알았어? 다른 친구들이 알도록 말할 수 있을까?

(2) 문제해결하기(problem solving)

문제해결은 수학적 문제에서 요구하는 것을 풀기 위해 이전에 획득한 지식과 개념을 사용하여 답을 구하는 과정을 의미한다. 즉, 문제해결력은 유아의 삶에서 매일 부딪히는 것으로, 수학적 지식을 발달시키는 중요한 수단이 된다. 가령 유치원 간식시간에 과자와 사탕을 나누는 문제에서부터, 동화책을 읽으면서 답을 찾아가는 과정, 게임을 할 때 팀을 나누는 문제와 이기려고 하는 전략 등은 모두 문제해결하기가 된다. 수와 연산, 대수, 기하, 측정, 자료 분석과 확률 등 수학내용과 연관이 있기 때문이다. 유아의 문제해결력 증진을 위해 교사가 알아야 할 것은 유아의 경험이 중요하므로 교사의 지도가 반드시 필요하다는 사실이다.

TIP 교사의 문제해결력 지도법

① 교사는 흥미 있는 문제와 해결에 필요한 질문, 조사, 탐색의 환경을 제공하고 전략을 제공한다.
② 교사는 정답을 주지 않고 유아 스스로 생각하고 해결할 수 있도록 이끌어 준다.
③ 교사는 유아가 탐색하고 놀면서 해결책을 제시하면, 그 이유를 듣고 실제로 행동하도록 격려하고 지지한다.
④ 교사는 유아가 문제해결을 다한 후에는 되돌아보면서 평가하여 유아가 수학에 대한 자신감을 갖도록 한다.

(3) 추론하기(reasoning)

수학은 곧 추론이며, 추론이 없는 수학은 생각할 수 없다. 추론하기는 유아가 자신의 수학적 사고를 설명하기 위해 사물이나 사실 간의 관계와 규칙성을 파악하여 당면한 문제에 대해 논리적으로 결론을 내리는 것이다(NCTM, 2000). 비록 직관적인 수준에서 추론을 하는 유아라 할지라도, 자신의 경험에 의하여 추론할 수 있는 능력이 유아에게는 확실히 있음이 밝혀졌다(Bransford, B. & Cooking, 1999).

이를 피아제의 이론으로 설명하자면, 동화와 조절을 거쳐서 평형화가 되면 인지가 형성되기 때문에 추론은 인지적 활동에 매우 중요한 요소이다. 그러나 많은 경우 유아들은 자신의 답에 대해 "그냥요", "원래 크니까요", "처음부터 있었으니까요" 등으로 답하면서 논리적이며 합리적인 설명을 하지 못하는 경우가 비일비재하다.

그러므로 교사는 사물을 분류할 때의 기준, 사물들의 공통점과 차이점, 도형에서 크기라든가 모양새의 준거 등을 추론해 낼 수 있도록 언어적으로 설명을 유도하여 유아들 스스로 자신의 생각을 명료화하여 말로 설명할 수 있도록 상호작용에 힘쓴다.

TIP 교사의 추론하기 지도법

① 교사들은 추론적 발문을 하기 위해서 유아들의 이야기를 경청한다.

② 교사는 추론적 사고를 할 수 있도록 추론적 어휘를 사용한다.

- 예: 왜냐하면, 만약에, 또는, 아니면, 절대로, 전부, 모두, 약간, 어떤 등

③ 교사는 유아에게 자기 생각을 되돌아보고 추론할 수 있도록 발문한다.

- 예: "만약에 ~ 한다면 어떻게 될까?", "왜 그렇게 생각하는데?", "그 이유는 무엇일까?", "정말 확실하게 말할 수 있을까?"

3) 수학적 태도

에이킨(Aiken, 1970)은 수학적 태도를 '수학적 대상이나 수학학습과 관련된 상황에서 긍정적 또는 부정적으로 반응하는 개인의 학습 성향'이라고 정의하였고, 샌드만(Sandman, 1980)은 '수학에 대한 지각, 불안, 자아개념, 즐거움, 동기와 그 사회의 수학적 가치'라고 보았다.

황정숙(1996)은 수학적 태도를 '자신감, 유능감, 대안탐색 의도'로 보았으며, 김소향(2004)은 '호기심, 주의집중, 개방성, 적극성, 지속성'으로 구별하여 제시하였다.

한편 NCTM(2000)은 유아의 수학적 태도를 수학에 대한 자신감, 수학적 아이디어 탐구, 문제해결 방법 찾기, 상대방 의견에 대한 유연성, 수학과제에 대한 지속성, 흥미와 호기심, 수학의 역할 이해하기 등으로 제시하였다. 이 요소들을 종합하여 보면 수학적 태도란 자신감, 열정, 끈기, 인내심, 호기심으로 압축할 수 있다(문연심, 2009).

OECD 국가를 포함하여 65개국의 청소년들을 대상으로 시행한 2012년 PISA(Program for International Student Assessment)에서는 수학 학습에 대한 정의적 특성으로 다음 문항을 평가하였다(한국교육과정평가원, 2014).

1. **수학학습동기**
- 수학에 대한 흥미와 즐거움에 대한 내적동기가 있는가?
- 수학이 미래 직업에 유용할 것이라는 인식을 가지고 있는가?

2. **자아신념**
- 주어진 과제를 성공적으로 수행할 수 있다는 믿음이 있는가?
- 자신의 수학적 능력에 대한 긍정적인 믿음이 있는가?
- 수학과 관련된 스트레스나 불안감이 있는가?

특히 자아신념에서는 이외에도 부모나 친구의 수학에 대한 견해도 중요한 항목으로 조사되었다. 이유는 부모님이 수학을 좋아하는지, 친구들이 수학공부를 열심히 하는지, 아닌지 등이 자아신념에 영향을 미치기 때문이다.

우리나라 청소년들의 PISA 성취도를 살펴보자. 2003년 전체 평균은 550점으로 우리나라가 세계 1위였고, 수학은 3위, 과학은 4위를 기록하였다. 그러나 수학의 흥미는 31위, 동기와 태도는 38위였다. 2010년 PISA 성취도 결과는 40개국 중 1위를 차지하였고, 65개국이 참여한 2013년엔 수학 1위, 읽기 1~2위, 과학 2~4위를 차지하였으나 안타까운 것은 여전히 자아효능감은 62위, 수학적 능력에 대한 믿음인 자아개념은 63위를 기록한 것이다. 우리나라 학생들은 무한경쟁의 구조 속에서 수학에 대한 극심한 불안감과 울렁증을 호소하고 있는 실정이다.

2018년 PISA 결과는 2015년에 비하여 OECD 회원국의 평균 점수는 전 영역에서 하락한 반면, 우리나라는 수학과 과학의 평균 점수가 약간 상승하였다. 우리 학생들은 OECD 37개국 중에서 읽기 2~7위, 수학 1~4위, 과학 3~5위로 상위 수준이지만 수학과 과학에서 일본에게 뒤처졌다. 평균점으로 순위를 매기면 읽기는 5위, 수학은 2위, 과학은 4위였다.

수학적 태도를 평가하는 항목으로 '요즘 자신의 전반적인 삶에 얼마나 만족합니까?'라는 질문에 대해 0(전혀 만족하지 않음)부터 10(완벽히 만족함)까지의 척도로 응답한 값의 평균이 우리나라는 2015년 6.36에서 2018년 6.52로 0.16이 증가하였다. 여전히 OECD 평균 7.04와는 차이가 있다. 그러나 '만족함(7 이상)'이라고 응답한 학생 비율은 56.7%로 참여국 중 가장 많이 상승(3.9%)한 것이 다행스럽다(교육부 공식 블로그 https://if-blog.tistory.com/9668).

필자는 2011년 유아교사의 수학적 이해와 태도에 관하여 질적 연구를 하였다. 10명의 내담자 대부분이 과거 중·고등학교 시절에 받은 수학에 대한 상처와 불안감 등이 현장에서 유아수학을 가르칠 때 부정적으로 작용하고 있다고 고백했다. 자신이 선호하는 과목보다 수학을 신명나게 가르치지 못한다는 것이다. 수학에 대한 유용성에 대하여는 막연하게 느끼면서도, 실생활과 연관 지어서 현장에서 교수하기가 어려우며, 수학적 아름다움은 전혀 느끼지 못한다고 말했다(계영희, 2011). 그러므로 유아교사의 수학에 대한 태도는 유아들이 향후 가지게 될 수학적 태도와 이해에 지대한 영향을 미친다는 것을 유념해야 한다.

2 유아기 수학개념의 발달특성

1) 영아기

1957년 소련(현 러시아)이 세계 최초로 인공위성 스푸트니크를 발사하였을 때, 미국에서 일어난 수학교육의 반성은 '새수학 운동'을 일으켰다. 이 때 영향을 미친 인지심리학자 피아제는 1940년대 초에 『아동에 있어 수의 기원』을 발간하여, 유아는 환경과의 상호작용을 통해 능동적으로 지식을 구성한다고 주장했다.

그는 인간은 환경에 적응하기 위해 인지구조를 가지고 태어나는데, 영아의 인지발달은 감각 운동적 스키마가 정교화되는 과정이고, 2세를 전후로 표상이 형성되고 이를 바탕으로 한 인지구조가 발달하게 되면 내적 사고가 가능하게 된다는 것이다(송명자, 2005).

그러나 피아제의 이론에 맞서는 새로운 연구결과가 그 후 1980년대부터 계속 발표되었다. 1980년 스타키와 쿠퍼(Starkey & Cooper)는 4~5개월

영아들에게 물체 2개를 보여주어 익숙하게 되도록 연습을 한 후에 3개를 보여주는 실험을 했다. 영아가 양을 구별하는지를 실험하는 최초의 연구였다. 그 결과, 영아들도 양적으로 차이가 난 것을 알아차리고 민감하게 반응을 했다. 그는 계속하여 4개와 6개까지 시도를 해보았으나, 넷과 여섯은 결국 구별하지 못하였다(Starkey & Cooper, 1980).

3년 후 앤텔과 키팅(Antell & Keating)은 영아가 아닌 신생아를 대상으로 실험을 했다. 이 실험에서는 신생아조차도 2개와 3개의 물체를 구별하는 것으로, 인간의 수량의 차이를 구별하는 능력은 선천적으로 타고나는 능력으로 추정되었다(Antell & Keating, 1983). 또한 영아는 작은 양이지만 물체를 세지 않고 수량을 인식하는 즉지(subitizing)가 가능하므로, 이 능력은 곧 수에 대한 인지구조가 이미 출생할 때 가지고 있는 것이라고 말할 수 있다.

한편 이에 맞서는 연구로, 영아들의 수량을 분별하는 능력은 물체의 개수에 따른 차이가 아니라 물체배열의 전체적인 윤곽에 기인한다는 주장도 대두되었다. 그러므로 영아의 수량의 차이를 변별하는 능력이 무엇 때문인지를 밝히는 것은 여전히 논란의 대상이 되고 있다(Mix, Huttenlocher & Levine, 2002; 홍혜경, 2009)

2000년대 초, 영아를 대상으로 하는 실험은 더욱 정교해져서 돌이 지난 12~14개월의 영아는 많음과 적음, 같음의 관계를 인식하기 시작했으며, 1살 반과 2살의 영아들은 3~4개의 적은 양일 경우 수량의 비교적 관계를 인식하는 능력을 갖고 있다고 보고하고 있다(Geary, 1994).

인간을 대상으로 하는 실험에 만족하지 않고, 과학자들은 쥐와 침팬지 같은 동물을 대상으로 연구한 결과에서도 양에 대한 민감한 감각은 인간뿐만 아니라 동물에서도 타고나는 능력이라고 보고하고 있다(Geary, 1994).

2) 유아기

영아기를 지나 유아기의 시기가 되면 수학개념이 발달하기 시작한다. 그러나 아직 미숙한 이 단계를 피아제는 '전조작(Preconcepts)단계'라고 불렀다. 이 시기는 언어적 능력이 폭발적으로 증가하는 시기로 수학적 개념을 나타내는 어휘들을 사용하기 시작하는데, 크다, 작다, 무겁다, 가볍다, 많다, 적다, 빠르다, 느리다, 길다, 짧다 등이다.

전조작기 유아의 인지적 특징은 물체의 배열이 변하면 원래의 모습을 기억 못한다. 원래의 모습을 기억하거나 변화의 과정을 되돌려 생각할 수 있는 능력인 '보존 개념'이 없는 것이다. 즉, 전조작시기의 유아는 비가역적 사고를 하는 시기인 것이다(계영희·김진숙, 2003).

보존개념은 초등학교에 입학할 무렵이 되면 형성되는데, 이 시기를 '구체적 조작기'라고 말한다. 즉, 이 시기에는 외적인 모양이 변해도 원래의 모양을 기억하거나 변화의 과정을 되돌려 생각할 수 있다. 수의 보존개념은 추상적인 수학적 활동을 할 수 있는 준비가 되었다고 말할 수 있다. 한편 유아의 수학적 능력은 다음의 세 가지 능력으로 분류할 수 있다.

(1) 유아의 수 세기 능력과 표상능력

유아가 정확하게 수를 세려면 속해 있는 공동체에서 사용하는 수 단어를 배워야 한다. 우리나라 유아들은 2세가 되면 고유의 수 단어를 넷까지, 3~4세경이 되면 일곱부터 열까지, 5세경에는 스물까지 셀 수 있다고 한다. 그러나 한자(漢字)의 수 단어인 경우에는 2세가 되면 1을, 3~4세경이 되면 10~14까지, 5세경에는 49까지라고 보고하고 있다(홍혜경, 2009).

일반적으로 수 단어 획득은 유아기에 시작되어 초등학교 저학년까지 지속적으로 이루어지는데 우리나라의 경우 하나, 둘, 셋과 같은 고유 수 단어와 일, 이, 삼과 같은 한자(漢字) 수 단어를 익히는 것은 결코 쉬운 일이 아니다.

가령 3명은 '삼 명' 또는 '세 명'이라고 할 수 있으나, 3사람은 '세 사람'이지 '삼 사람'이라고 말하지 않는다. 여기서 '명'은 한자어이므로 두 가지 방법으로 말할 수 있지만, 사람은 우리 고유어이므로 '세 사람'이라고 해야 자연스레 어울린다. 어른들도 실수하기 쉬운 예를 들어 보면, 60세는 '육십 세'라고 하고, 60살은 '예순 살'이라고 해야 하는데 '육십 살'이라고 잘못 말하는 경우를 종종 본다. '세'는 한자어이고, 고유어인 '살'과 다르게 발음해야 하는 것을 놓치기 때문이다.

인지심리학자 피아제(J. Piaget)는 유아의 의미 없는 수 세기는 단순한 수의 나열일 뿐이지 수의 개념과는 무관하고, 더하기, 빼기와 같은 연산은 구체적 조작기까지 기다려야 한다고 주장하였다. 또한 관습적으로 쓰는 표기법은 비교육적이라고까지 단언하였다. 그러나 최근의 주장되는 보고에 의하면, 유아기 수 세기의 능력은 향후 수학능력의 기초로 중요한 토대임이 강조되고 있다(홍혜경, 2009).

유아의 수 세기 어휘습득의 다음 단계로는, 수량을 듣고 그림으로 표현하는 능력, 그림이나 숫자를 보고 언어로 표현하는 능력, 수량을 숫자나 기호로 표현하는 능력이 있어야 수 개념이 확실해진다. 이러한 표상능력에 대하여 홍혜경(1999)은 4세 유아는 과반수 정도가 많고 적음 혹은 같음의 수량적 관계를 표상할 수 있었으며, 5세가 되면 대부분 세 가지 관계를 그림으로 표상할 수 있다고 말한다.

언어적 표상능력의 획득은 4~6세경 유아들의 발달과업이며, 숫자나 기호의 표상능력 획득은 5~6세경으로 조사되었으므로 유아의 발달순서는 그림표상, 언어표상, 숫자나 기호표상의 순으로 발달하고 있다고 주장한다. 그렇다면 유아가 악보를 보고 피아노나 악기를 배울 수 있는 나이는 아무리 일러도 5~6세가 되어야 함을 알 수 있다.

(2) 유아의 비형식적 연산능력

유아는 수 세기 능력이 발달하게 되면 서서히 물체의 수량을 파악하는 개념이 발달하기 시작한다. 가지고 있던 것에 추가로 더 받게 되거나, 자기 것을 남에게 주게 되면 초보적인 수 세기 전략을 사용하게 된다. 나아가 계속 세기, 거꾸로 세기 등 다양하게 해결하는 방법을 모색하기도 한다. 놀이를 하면서 '거꾸로 세기', '둘씩 건너뛰어 세기' 등을 능숙하게 익힌 유아들은 향후 구구단을 빠르게 배울 수 있는 장점이 있다.

신은수(1995)는 우리나라 유아들이 3세가 되면 5 이하의 더하기와 빼기를 부분적으로 하고, 4세가 되자 5이하의 더하기와 빼기 능력이 있었으며, 5세가 되었을 때는 10 이하의 더하기와 빼기의 능력이 있다고 보고하였다. 이러한 비형식적인 더하기와 빼기의 능력은 유아의 삶에서 문제해결력을 기르는 강력한 도구가 되며 또한 달성해야 할 발달과업인 것이다.

(3) 유아의 공간과 기하능력

홍혜경(2001)의 연구에 의하면, 유아의 공간능력은 연령에 따라 발달적 차이를 보이지만 성별에 따른 차이는 없다. 공간능력의 하위요인인 눈-운동 협응과 공간적 위치관계에서는 3~4세와 4~5세의 차이가 크고, 시각적 기억 및 회상, 형태-바탕지각, 공간적 추리에서는 3~4세와 4~5세, 5~6세 유아들의 발달적 차이가 컸다.

피아제(1963)는 『아동의 공간개념의 발달』에서 기하개념의 발달을 2단계로 구분하였는데, 첫째, 감각 혹은 지각의 단계인 위상공간(Topological space)의 단계와 둘째, 사고 혹은 상상의 단계인 사영공간(Projective space)과 유클리드공간(Eucleadean space)의 단계이다. 어린 유아에게 삼각형을 보여 주고 똑같이 그리라고 했을 때 원으로 그리는 것은, 어린 유아의 눈에는 닫힌 도형으로 똑같이 보이기 때문이다. 이 현상은 유클리드기하의 관점에서는 틀리지만, 위상기하의 관점에서는 단일폐곡선이므로 맞는 것이 된다. 다시 말하면, 유아는 20세기 현대수학인 위상기하의 공간개념이 먼저 발달하고, 초등학생이 되어야 고대 그리스의 유클리드기하의 개념이 형성되는 것이다(계영희 · 김진숙, 1993).

피아제는 유클리드기하의 기본 도형 21개의 모양을 그리라고 말한 후 유아들의 도형능력을 조사했다(그림 4-1 참조). 실험 결과, 만 4세 이하의 유아는 원, 사각형, 삼각형을 모두 똑같이 불규칙한 닫힌 도형으로 나타내었고, 만 6~7세가 되어야 비로소 21개의 모든 도형을 재구성하거나 그대로 그릴 수 있는 것으로 나타났다. 피아제가 실험한 21가지 도형 중 모형 20과 모형 21만 열린 도형이고 나머지는 모두 닫힌 도형이다. 질적 연구의 효시로 불리는 피아제는 이 실험을 통하여 다음과 같이 결론을 내렸다. 유아나 아동에게 있어서 도형의 개념은 다음의 순서로 발달한다.

낯익은 사물 → 위상기하의 모양 → 유클리드기하의 도형

위상기하의 특징은 형태가 고정된 것이 아니라, 늘릴 수도 있고 줄일 수도 있는 형태이므로 일명 '고무막의 기하학(Rubber geometry)'이라고 부른다.

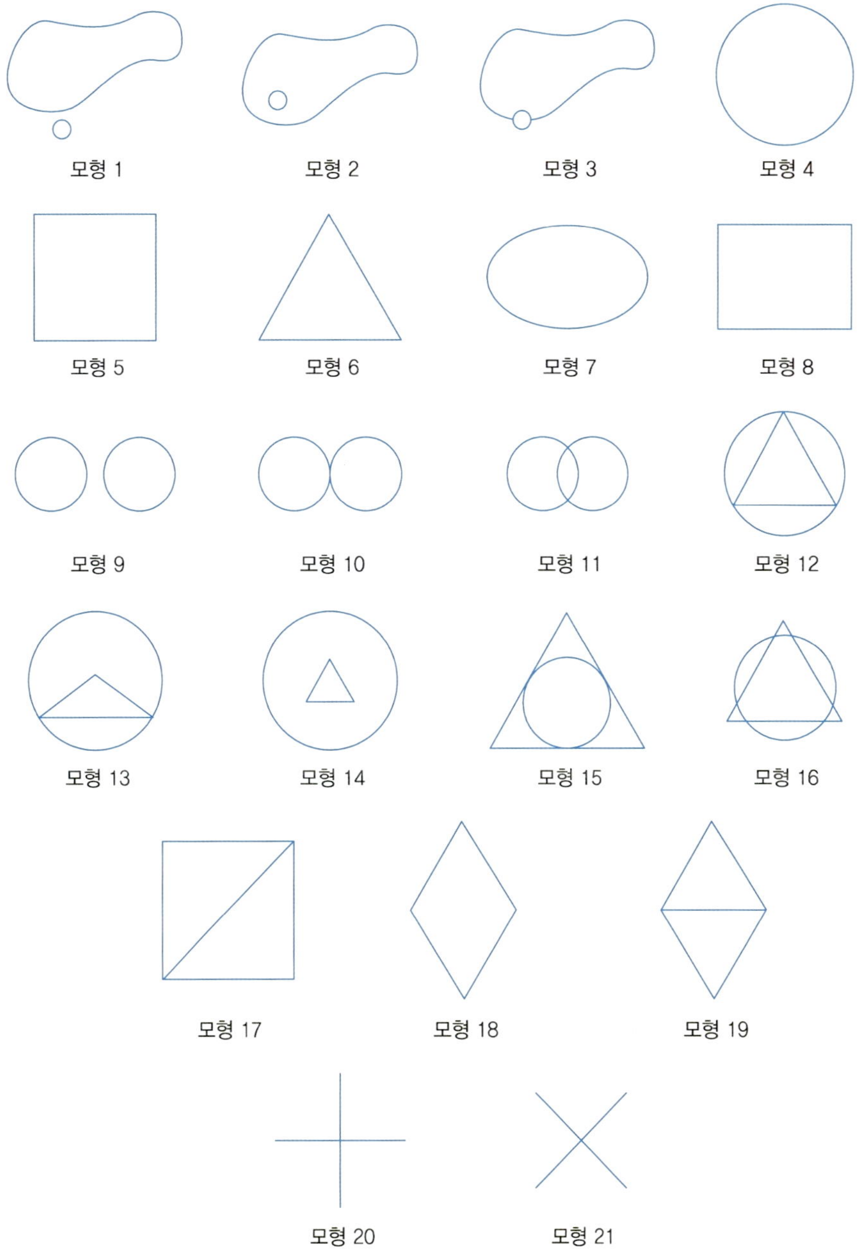

그림 4-1 피아제의 21가지 그림

TIP 기하의 차이점

① 유클리드 공간은 유클리드 기하의 공간을 말한다. 유클리드 기하는 기원전 3~4세기경에 완성된 고대 그리스의 수학으로, 플라톤의 이데아 사상과 아리스토텔레스의 형식논리에 의한 로고스 정신에 입각하여 만들어졌으므로 추상적이다. 수학자 유클리드의 기념비적인 저서 『원론(Elements)』에서는 점, 선, 면 등 정의(definition)가 무려 23개가 나온다. "점은 부분을 가지지 않는 것이다", "선은 폭이 없는 길이다", "선의 양끝은 점이다" 등으로, 즉 유클리드 기하에서의 점이나 선은 육안으로 보이는 것이 아니다. 정신의 눈으로 이해해야 하는 개념이다.
여기서 수학의 정의는 무엇일까? 이는 한마디로 수학자의 일방적인 약속이다. 아기가 태어나면 이름을 부모나 조부모가 지어서 출생신고를 한 후, 그 이름으로 모든 사람에게 부르기를 요구하듯이 부모가 정하는 일방적인 약속이다. 마치 우리들의 이름처럼 수학의 정의는 수학자의 일방적인 약속인 것이다. 정의 외에도 『원론』에는 공리(axiom), 공준(postulate) 등 문제를 증명하는 데 필요한 가정(assumption)이 여러 개가 있다. 이는 모두 수학자의 약속이라고 이해하면 된다.

② 사영공간은 사영기하의 공간을 말한다. 사영기하는 르네상스시대 화가들에 의해 발아한 것으로, '평행한 직선은 멀리 무한원점에서 만난다'는 것을 참인 명제로 인정하는 기하학이다. 반면에 유클리드 기하에서는 '평행한 직선은 절대로 만나지 않는다'가 참이었다. 이유는 무엇일까? 2,000년이 지난 유럽사회에서 공간을 인식하는 오감이 촉각시스템에서 시각시스템으로 바뀌었기 때문이다. 다시 말하면, 유클리드기하에서는 평행한 직선을 손으로 집어서 다른 직선위에 올려놓을 수 있다고 생각하는 것이고, 사영기하에서는 평행한 직선을 멀리서 바라보면 만나는 것처럼 보이기 때문이다. 그러므로 '유클리드기하=만지는 기하', '사영기하 = 보는 기하'라고 말할 수 있고, 유클리드기하의 원을 사영적으로 바라보면 타원이 된다.

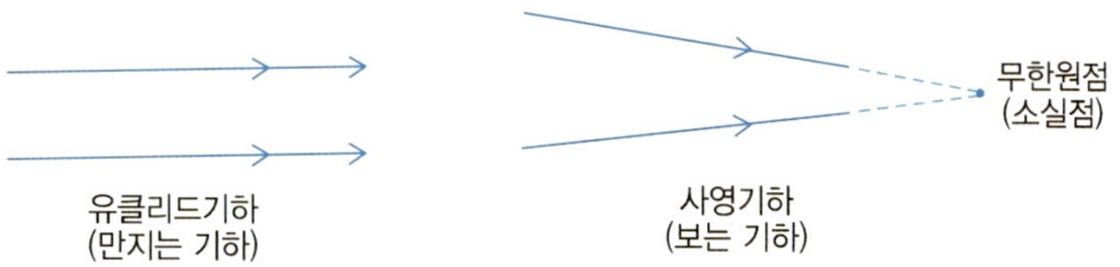

그림 4-2 유클리드기하와 사영기하

③ 위상공간은 위상기하의 공간을 말한다. 위상기하는 유클리드기하나 사영기하보다 더 단순하게 함수의 성질 중 특별히 연속함수의 성질만을 연구하는 기하학이다. 이런 사실을 수학적인 용어로는 일반화되었다고 말한다. 유클리드기하가 애당초 도형의 운동과 변환을 무시하였고, 프랑스의 철학자 데카르트가 창안한 해석기하학이 합동변환과 닮음변환을 연구했다면, 사영기하는 사영변환을, 위상기하는 위상변환을 연구하는 것이라고 말할 수 있다.

출처: 계영희(2006), 김용운(2010).

다음 그림 4-3을 보면, 합동변환은 모델과 스크린이 평행하게 놓여 있고 빛이 평행한 투영이므로, 스크린에 비친 도형은 모델과 똑같은 도형이다. 그러나 닮음변환에서는 빛이 중심투영이므로 모델의 도형은 스크린에 크게 확장된다. 한편 사영변환을 보면 모델과 스크린이 평행이 아니다.

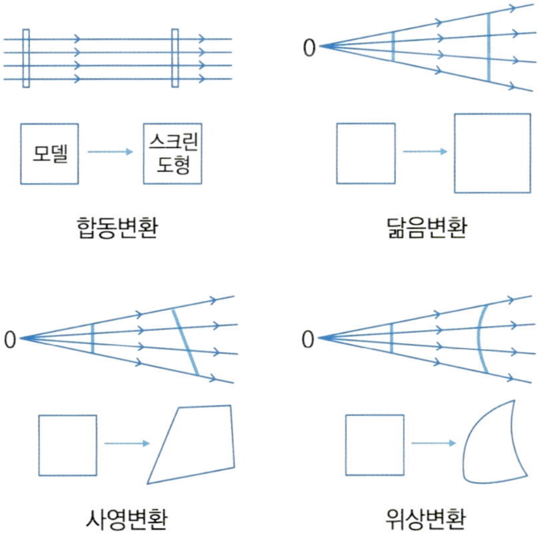

그림 4-3 변환의 종류

따라서 정사각형의 모델은 스크린에 임의의 사각형으로 비쳐지며, 위상변환에서는 스크린 자체가 물렁물렁한 고무막 같은 것이므로 중심투영을 했을 때 정사각형의 모델은 단일폐곡선으로 나타난다. 즉, 어린 유아가 삼각형을 보고 동그란 원을 그리는 것은 위상변환으로 인식한 것이므로, 피아제의 기하에 대한 유아의 발달단계가 설득력 있는 것이다. 그러므로 위상기하에서는 원과 사각형, 삼각형, 타원, 등과 심지어 구불구불하게 닫힌곡선이면 모두 단일폐곡선이므로 합동이 되는 것이다.

그림 4-4는 인간의 착시를 이용한 흥미로운 도형의 변환이다. 약간씩 점진적으로 변화를 주었더니 넓적한 삼각형의 남자얼굴이 부끄러워하는 알몸의 여인으로 변신했다. 이는 위상변환을 한 것이다.

그림 4-4 착시를 이용한 도형의 변환

출처: 錯視の造形(白石和也, 1982).

생각할 문제

① 유아수학의 능력 중 의사소통하기, 문제해결하기, 추론하기 중 가장 중요한 것이 무엇인지 자신의 견해를 설명하여라.

② 우리나라 학생들의 수학에 관한 흥미, 즐거움 등 내적동기가 부족한 이유를 설명하여라.

③ 나는 유아교사가 되었을 때 유아수학에 관하여 교사로서 성공적으로 수행할 수 있다는 긍정적인 믿음이 있는지 성찰해보아라.

Chapter

05 유아수학교육의 교수-학습방법

1. 교수 – 학습의 원리
2. 교사의 역할
3. 교수 – 학습의 유형
4. 교수 – 학습의 방법
5. 유아에게 적합한 교수 – 학습방법
6. 조선시대 교수 – 학습과 놀이
7. 「2019 개정 누리과정」에 기초한 유아수학교육

학습목표

- 유아가 자발적으로 수학지식을 구성하고 수학적 경험을 하기에 적합한 교수–학습의 원리를 이해하고 교수–학습의 유형 및 방법을 알며 교사의 역할을 이해한다.
- 우리나라 조선시대 교수–학습방법과 놀이를 탐색하고 19개정 누리과정에 기초한 유아수학교육 내용 및 방향을 습득한다.

학습내용

유아수학교육의 교수–학습 원리와 유형 및 방법, 유아수학교육을 위한 교사의 역할, 조선시대 교수–학습 방법과 관련 놀이 및 「2019 개정 누리과정」에서의 유아수학교육 및 생활 속 놀이를 통한 접근에 대해 고찰한다.

1 교수-학습의 원리

유아는 구체적인 자료를 이용해 수학적 문제를 해결하며, 스스로 주변을 탐색하면서 수학적 지식을 구성해 나갈 수 있다. 이러한 유아들의 특성에 적합한 수학교육방법으로 유아의 자발적 참여와 경험, 탐색이 강조된 비형식적이며 협력적 상호작용을 통한 교수방법이 필요하다. 한유미(2013)는 그의 저서에서 다음과 같은 교수–학습원리에 주의하여 유아의 학습활동을 계획해야 한다고 제시하고 있다.

1) 유아의 능동적 학습을 격려하기

교사가 활동을 주도하거나 학습지와 같이 주어진 문제에 유아가 반응해야 하는 수동적인 학습 방법은 논리·수학적 지식의 일종인 수학적 개념을 학습하는 데 적절하지 않다. 논리·수학적 지식을 구성하기 위해서는 유아가 학습의 주체로서 능동적으로 문제를 탐색하고 다양한 방법으로 문제해결을 시도해야 한다. 따라서 교사는 자신의 계획이나 생각을 유아에게 강요하기보다는 유아의 선택과 자발적 활동의 가치를 인정해주어야 한다.

2) 유아에게 구체적 조작 경험을 제공하기

인지발달단계의 특성상 유아기에는 지필식 학습보다 활동중심의 학습이 바람직하다. 또한 이 시기에는 경험적 추상과 관련짓지 않고는 내면적 추상이 일어나기 어렵다. 따라서 유아가 논리·수학적 지식을 습득하려면 실제 물체를 조작하는 것이 반드시 필요하다. 그러나 단순히 물체를 손으로 만져 보고 조작하는 것만으로는 부족하며, 정신적 조작활동이 수반되어야 한다.

3) 유아의 기존 지식을 기초로 사용하기

유아는 유아교육기관에 오기 전부터 가정에서 이미 수학적 경험을 시작하였으므로, 풍부한 비형식적인 수학적인 지식을 갖고 있다. 유아는 수학적 문제 상황에 직면했을 때 먼저 자신이 알고 있는 수학적 지식을 적용하여 문제를 해결하려고 한다. 따라서 유아가 이미 알고 있는 개념과 관련된 활동을 제공함으로써 유아가 새로운 개념을 습득하고 기존의 이해를 확장할 수 있도록 하는 것이 좋다.

4) 유아의 개인차를 수용하기

유아는 서로 다른 수학적 지식수준과 사전경험을 갖고 있다. 또한 수학활동에 대한 이들의 태도나 접근법에도 개인차가 있다. 교사는 이러한 다양성을 적극 수용하고, 개별교육이 이루어질 수 있도록 배려해야 한다.

또한 교사는 같은 수학활동에 참여하는 유아들이라도 이들이 경험하거나 구성하는 내용은 다를 수 있음을 이해하고, 각 유아가 자신의 수준에서 자신만의 방법을 통해서 수학적 지식을 구성하도록 도와주어야 한다.

5) 유아에게 표현의 기회를 제공하기

유아는 자신이 경험한 수학활동이나 현재 학습하고 있는 수학적 개념을 언어를 통해 표현함으로써 더 잘 이해할 수 있다. 말로 표현하는 것 외에도 글로 쓰기, 그림 그리기, 게시하기 등의 다양한 표현방법을 사용하는 것이 바람직하다.

6) 또래나 교사와의 상호작용을 강조하기

또래와의 상호작용을 통해 유아가 자신의 생각이 타인의 생각과 다를 수 있다는 것을 알게 되고, 자신의 생각을 객관적인 입장에서 봄으로써 수정 및 확장한다. 따라서 공동 프로젝트나 소집단 활동이 유익할 수 있다. 또한 교사는 "어떻게 하면 ~할 수 있을까?", "~한다면 무슨 일이 생길까?" 등과 같이 유아의 수학적 사고를 자극할 수 있는 발문을 할 필요가 있다.

7) 결과보다 과정에 관심을 기울이기

정답만을 강요하거나 승부에 집착하여 이긴 사람, 진 사람을 판정해주거나 몇 개 틀렸다는 것을 강조하는 등 결과를 중요시하면 유아에게 수학은 어렵고 지루한 것이라는 인식을 심어줄 수 있다. 따라서 유아의 답이 옳고 그른지 즉각적인 판단을 내려주기보다는 유아가 그러한 결과에 도달하게 된 과정에 관심을 갖고, 유아에게 설명해보도록 하는 것이 좋다.

또한 브레드캠프와 로즈그란트(Bredekamp & Rosegrant, 1995)는 유아에게 탐구하며 문제해결력을 키워 주는 바람직한 교수–학습의 원리를 다음과 같이 제시하고 있다.

첫째, 능동적 활동 안에서 사물을 직접 조작하고 사고하는 수학적 경험이 주어질 때 학습이 가장 잘 이루어진다. 둘째, 유아의 사전 경험과 흥미에 기초하여 활동을 계획하고 개인이나 대집단보다는 소집단 활동을 중심으로 이루어져야 효율적이다. 셋째, 수학의 과정에만 치우치지 말고 성취된 결과에도 관심을 갖는다. 넷째, 활동을 안내하고 촉진하며 탐구과정을 통하여 발견한 수학적 개념을 구축하기 위하여 질문, 제언, 토의를 적절히 활용한다. 다섯째, 설명, 시범, 발견, 지도적 발견, 주제접근법 등의 교수–학습방법을 상황과 필요에 따라서 적절히 활용하여 지도한다. 여섯째, 유아들의 활동을 반복적으로 경험할 수 있도록 하고, 활동 후 더 심화된 확장활동이나 다른 영역과의 통합 활동으로 연장될 수 있도록 한다.

결론적으로 유아를 위한 교수학습의 기본 원리는 유아의 연령, 개인차, 사회문화적 환경에 따라 적절히 변형되어 사용해야 하며, 다양한 교수법의 통합적 접근방법으로 이루어지는 것이 바람직하다.

2 교사의 역할

유아를 교육하는 교사가 어떤 역할을 해야 하는지에 대한 관점은 시대의 변화에 따라 바뀌어 왔지만, 효율적인 수학교육이 이루어지기 위해서 기대되는 유아교사의 역할은 다음과 같이 생각할 수 있다.

1) 촉진자의 역할

촉진자의 역할은 유아가 갖고 있는 수학적 능력과 가능성을 최대한 개발해주는 것을 말한다. 그러나 이는 유아에게 지식을 주입하거나 선행 학습을 통해 발달을 압박해야 한다는 의미가 아니다. 유아는 수동적인 학습자가 아니며, 모든 유아가 획일적인 흥미와 성향을 가지고 있지 않으므로 이를 수용하여 수학활동에 대한 참여를 높이는 것을 말한다. 적절한 비계의 역할을 하고, 유아의 개인차에 입각하여 수학활동을 안내함으로써 촉진자의 역할을 하도록 한다.

2) 제공자의 역할

환경에 따라 수학에 대한 흥미유발과 교육효과가 크게 달라질 수 있다. 따라서 교육적 가치가 있고, 유아의 흥미 및 발달에 부합하는 수학교육 환경 및 자료를 제공하는 것은 매우 중요하다. 특히 유아의 능동적인 지식 구성을 강조하는 구성주의 입장에서 볼 때, 교사는 자신이 계획한 수학활동을 직접적으로 제시하기보다는 활동을 소개하고 유아가 수학활동에 흥미를 느낄 수 있도록 간접적으로 암시를 주거나 분위기를 조성함으로써, 활동의 최종선택과 주도권은 유아가 갖도록 하는 것이 바람직하다(조복희 외 6인, 1999).

3) 질문자의 역할

교사는 놀이 상황에서조차도 질문자의 역할을 수행해야 한다. 적절한 시기에 적절한 질문은 유아로 하여금 현재 다루고 있는 수학개념을 인식하게 하며, 수학적 용어를 익숙하게 사용할 수 있도록 해주기 때문이다(Forston & Reiff, 1995). 유아가 활동을 중단하려 한다면 교사는 질문을 하여 좀 더 복잡한 수준에서 탐색을 계속하도록 격려할 수 있다. 그러나 교사의 질문은 유아의 초점이 흐려지게 하거나 활동을 멈추게 할 수도 있으므로, 교사는 자신의 질문이 유아의 탐색을 강화할 것인가, 아니면 방해할 것인가를 검토해 보아야 한다.

4) 관찰자의 역할

교사는 유아의 수학적 능력의 발달을 진단하는 관찰자와 평가자의 역할을 수행해야 한다. 이를 위해 교사는 수학영역에서뿐만 아니라 일과를 통해 나타나는 유아의 수학활동을 관찰하고 평가해야 한다. 이는 프로그램을 진단 및 평가하고 다음 단계의 활동을 계획하고 실행하는 데 도움을 주며, 부모에게 자녀에 대한 정보를 제공할 수 있게 해 준다. 따라서 교사는 사진기와 필기도구를 이용하여 틈틈이 기록을 남기고, 유아의 활동 결과물을 수집함으로써 시간의 경과에 따른 발달 변화를 평가해야 한다.

5) 참여자의 역할

참여자의 역할은 가장 간과되기 쉬운 역할이다. 유아들은 놀이를 할 때 교사를 놀이의 대상으로 여기지 않는 경향이 있다. 이는 교사가 유아의 학습에 참여자로서의 역할을 하지 않는다는 것을 의미한다(박혜경 외, 1999). 그러나 교사는 유아들에게 직접 게임 규칙을 결정하게 함으로써 자신도 다른 참여자들처럼 규칙에 복종하는 한 사람의 참여자가 될 수 있다(이윤경 외, 1985). 또한 참여자로서 교사는 자연스럽게 유아들의 자발적인 놀이에 참여하고 시범을 보이거나 활동을 제안할 수 있다. 이와 같이 교사가 유아와 대등한 위치에서 수학활동에 참여할 때 유아의 활동은 더욱 풍부해지며 확장될 수 있으며, 모델의 역할도 하게 된다.

6) 전달자의 역할

전달자의 역할은 수학적 지식이나 사실을 언어를 통해 직접 알려주는 것을 말한다. 전달자의 역할은 빠른 시간 안에 가장 많은 지식을 가장 많은 학습자에게 전달할 수 있는 방법이지만, 발달 특성상 유아는 언어적 이해력이 부족하며 유아에게 지식을 가르치는 것은 바람직하지 않다. 그러나 수학 내용에는 교사에 의해 직접 가르침을 받지 않으면 안 될 부분(예: 수의 명칭)도 있으므로 전달자로서의 역할을 전적으로 무시하기는 어려운 실정이다.

3 교수-학습의 유형

수학학습은 다양한 상황에서 이루어질 수 있다. 가정이나 일상생활에서 자연스럽게 수학학습이 일어날 수 있고, 우연히 발생한 사건을 교사가 수학학습으로 활용할 수 있으며, 교사의 체계적인 계획에 의해 학습이 이루어질 수도 있다. 이들 세 가지 유형의 수학학습을 간단히 살펴보면 다음과 같다.

1) 자연적인 수학학습

유아교육기관에서 이루어지는 수학학습은 체계적이고 형식적인 교육만을 의미하는 것으로 인식되기 쉽다. 그러나 영유아가 유아교육기관이나 학교에 가기 훨씬 이전부터 이미 가정에서 자연적인 학습이 일어나고 있다. 유아는 선천적으로 호기심이 강하고 자신을 둘러싼 환경에 많은 관심을 가지고 탐색한다. 이로 인해 자연스럽게 습득하는 수학적 개념은 이후 형성하게 될 형식적인 수학지식의 기초를 형성하게 된다. 그러므로 유아를 둘러싸고 있는 일상생활의 모든 활동은 유아들이 자발적으로 학습활동을 하는 자연적인 학습이라 할 수 있다.

이러한 자연적인 수학학습은 유아가 선택과 행동을 스스로 통제하며, 유아와 환경 간의 직접적인 상호작용이 가장 강조되는 학습유형이므로 교사가 흥미롭고 풍부한 환경을 준비하는 것이 중요하다.

TIP 교사의 역할

① 유아가 탐색할 수 있는 물체들을 다양하게 준비하여 제공한다.
② 한 자료를 충분히 탐색하고 수학개념을 발견할 수 있는 충분한 시간을 제공한다.
③ 자유로운 시간에 언제든 남은 활동을 마무리할 수 있는 여유로운 공간을 제공한다.
④ 유아들의 활동을 주의해서 관찰하고 반응하며 칭찬과 격려를 한다.

2) 비형식적인 수학학습

비형식적인 수학학습은 우연히 일어난 수학상황을 교사가 유아의 요구와 흥미, 사건이 지닌 교육적 의미를 판단 및 검토하여 활동으로 확대하는 것으로, 유아의 자연적인 학습경험이 이루어지고 있을 때, 교사의 의해 시작될 수 있다. 유아가 도움을 필요로 하거나 문제해결에 약간의 격려와 힌트가 필요할 때, 특별히 가르칠 좋은 기회가 포착되었을 때, 교사의 개입이 이루어지는 것이 적절하다.

TIP 교사의 역할

① 유아가 수학활동에 관심을 가질 수 있는 자연적인 기회를 제공한다.
② 자연적인 활동 상황에서 적절한 언어적 상호작용 제공을 한다.
③ 수학영역 외에 일과활동이 수학개념을 촉진할 수 있도록 한다.
④ 교실의 구획 나눔으로 방해를 최소화할 수 있는 공간을 제공한다.

3) 형식적인 수학학습

형식적인 수학학습은 교사가 많은 주도권을 가지게 되는 학습으로, 교사가 사전에 수업을 계획하고 자료를 준비하는 구조화된 학습이다. 이 때 유아는 개별적 또는 대·소집단으로 활동에 참여하면서 교사의 지시를 따르게 된다.

TIP 교사의 역할

① 교육과정에 따른 활동을 구성한다.
② 각 생활주제에 따라 습득해야 할 수학적 지식과 내용 태도들을 고르게 제공한다.
③ 유아의 수준을 고려하여 활동수준과 활동목표를 계획한다.
④ 활동 후 세심한 평가를 거쳐 다음 활동에 반영한다.

4 교수-학습의 방법

유아가 교육내용의 습득과 사고기술의 발달을 이룰 수 있는 교수–학습방법은 다양하다. 앳킨슨과 플리어(Atkinson & Fleer, 1995)는 교사가 유아에게 대하는 태도에 따라 다음과 같이 네 가지 유형의 교수–학습방법으로 구분하고 있다.

1) 전달적 교수법

전달적 교수법은 교사 주도적 방법으로 가장 친숙한 교수방법이라고 할 수 있다. 이는 교사가 학습내용을 먼저 정한 후 강의나 시범을 통해 유아에게 전달한다. 교사가 시범을 보일 때는 가능한 단순한 방법을 선택하고, 시범활동의 세부적인 동작을 구체적으로 제시해야 한다. 예를 들어, 소화기로 불을 끄는 원리를 설명할 때 소화기의 이름, 특징, 사용방법, 절차를 교사가 설명하고 가르쳐 주어야 한다.

2) 발견적 교수법

교사가 유아에게 수학적 상황과 환경을 마련해주고 유아 스스로 발견하도록 하는 교수법이다. 이는 아동중심교육의 교육자들이 선호하는 방법으로서, 교사는 상황만 마련해주고 의도적인 과정 없이 유아 스스로 다양한 수학적 과정을 활용해 문제를 해결하는 방법이다. 예를 들어, 소풍이나 견학활동을 통하여 수학적 지식을 얻을 수 있다.

3) 과정적 교수법

과정적 교수법은 유아가 관찰, 토의, 예측, 가설 설정, 실험 등의 수학적 과정을 적용하여 탐구능력을 적극적으로 실현하는 방법이다. 이 교수법에서 교사는 유아들이 수학적 탐구과정을 익히는 데 필요한 활동과 자료를 제공해주고, 탐구능력이 발달되도록 균형적 교육과정을 계획하며, 유아는 이에 참여하여 탐구능력을 발달시킨다. 예를 들어, 이쑤시개로 가장 튼튼한 탑 쌓기, 다리 건설하기 등의 활동이나, 화산 실험과 산성·염기성 실험 등의 과학 활동을 통해서도 수학적 지식을 얻을 수 있다.

4) 상호작용적 교수법

상호작용적 교수법은 구성주의이론에 기초하여 유아들로 하여금 주변세계에서 발생하는 모든 사건과 인간관계를 이해하도록 하고, 그 속에서 유아 스스로가 지식을 구성해 나가는 교수전략이다. 수학교육은 충분한 시간적 여유를 가지고 토의하기, 협동하여 과제를 해결하기, 실험하기,

유아 스스로 질문을 제기하여 문제해결하기 등의 방법이 효과적이라고 본다. 유아들이 그들의 주변 세계를 좀 더 잘 지각할 수 있도록 하는 데 목적을 두고 조사와 상호작용을 통해 궁금해 하는 것에 대한 답을 유아 스스로 얻도록 지원하는 교수법이다. 예를 들어, 물 프로젝트, 음식 프로젝트 등의 프로젝트 수업이나 역할극 구성 활동 등을 통해 유아들이 수학적 지식을 스스로 습득할 수 있다.

그림 5-1 유아와 함께한 브레인 스토밍

출처: 부산시 J어린이집

5) 통합적 교수법

정보화 사회에서는 계산 능력보다 창의적 문제 해결 능력, 정보처리 능력, 논리 사고력 등이 요구되기 때문에 교사는 유아의 수학개념 형성을 위해 유아 주변의 여러 생활과 상황에서 사전 지식과 다양한 경험을 활용하는 통합적 접근이 필요하다.

유아수학교육의 통합적 접근은 수학적 개념을 중심으로 다른 교과와의 통합 활동을 통해 유아의 수학적 능력을 길러주기 위한 교육을 의미한다. 다양한 형태의 수학적 경험을 제공하게 되며, 이는 유아들의 삶 속에 녹아 있는 수학적 문제해결력을 향상시키게 된다. 즉, 유아들은 요리활동을 하면서 순서와 패턴을, 신체활동을 하면서 공간개념을, 동화책 속에서 시간의 개념을 배우게 되며, 일과 중 통합적 접근을 통해 수를 더하고 빼는 비형식적인 경험이 이후 수와 연산활동에 기초가 되듯이 유아는 수학을 다른 영역과 통합적으로 경험할 때 더욱 효과적이다(권민균·정정희·이순복·이혜원·권덕수·신금호·김형재, 2017). 여러 내용 영역이나 다양한 교수 상황 속에서 학습의 통합이 높아질수록 교수가 더 효력을 발휘하여 유아에게 더 의미 있는 학습(Schickedanz, 2008)이 이루어진다. 즉, 발달적으로 적합한 수학교육은 여러 영역이 통합적으로 계획되고 신체적·사회적·정서적 발달 등 모든 측면이 적절히 고려되는 통합적 접근이 유용하다는 것이다.

현재 유아교육현장에서는 유아수학교육의 통합적 접근으로 문학, 과학, 음악, 미술 등 다양한 영역과의 통합을 실시하고 있으며, 이에 대한 연구도 활발히 이루어지고 있다. 4차 산업혁명을 대비하는 교육변혁으로 우리나라에서는 미국의 STEM 교육에 A(art)를 추가하여 과학(S), 기술(T), 수학(M)에 예술(A)을 포함한 STEAM 교육을 실시하고 있다. 이러한 STEAM의 통합교육은 이미 유아교육현장에서는 교과통합, 주제통합, 영역통합 등의 이름으로 실행되고 있다.

이상에서 제시한 교수–학습방법은 유아에게 교육할 수학교육 내용이나 상황에 따라 적절하게 적용하여 사용하는 것이 바람직하다. 각 교수–학습방법의 장단점을 정리하면 표 5-1과 같다.

❖ 표 5-1 교수-학습방법의 장단점

교수-학습방법	장점	단점
전달적 교수법	많은 유아들에게 정보를 쉽게 효과적으로 전달함. 교사가 전하는 지식을 수용하므로 유아들의 실수가 적고 안전함	유아들의 참여 정도와 흥미를 크게 고려하지 않으므로 학습한 내용을 내면화하였는지 알 수 없음. 유아의 개인에 따른 개별 학습이 용이하지 않음
발견적 교수법	유아의 직접적 참여를 통해 학습이 흥미롭게 이루어질 수 있음	유아가 학습하는 것이 무엇인지 교사가 구체적으로 확인할 수 없음. 수학적 개념을 알게 하기에는 소요되는 시간이 많고 어려움
과정적 교수법	유아의 적극적인 학습 참여가 가능함. 학습의 결과보다 과정에 중점을 두어 학습의 순서가 용이하게 이루어짐	수학내용에 대한 중요성이 간과되기 쉬움
상호작용적 교수법	유아의 관심 지속도가 큼. 학습 경험이 풍부해짐. 학습과정 속에서 다양한 수학적 기술과 태도 및 개념이 형성됨	많은 자료의 제시 및 교사의 준비가 많아야 함
통합적 교수법	여러 가지 상황에서 문제를 해결해 나가는 다양한 방법과 과정을 경험함. 종합적 사고력 향상	교사와 교수의 질에 의해 경험치가 다를 수 있음. 시간과 노력이 많이 필요함

5 유아에게 적합한 교수-학습방법

1) 일상생활을 통한 수학교육

아이들은 일상에서의 다양한 상황을 통해 나름대로 수학적 능력을 터득하게 되므로, 생활에서의 수학적 경험은 매우 중요한다. 가게에서 물건을 사고, 식사 준비를 하는 어머니를 돕고, 요리활동을 해보듯이 생활을 통해 수학적 지식을 이해하고 획득된 지식을 실제로 적용해 볼 수 있어야 한다.

❖ 표 5-2 일상생활을 통한 수학교육활동

수학내용	활동명
수 감각 기르기	내 옷의 단추를 끼우면서 세어보아요, 계단은 몇 개일까요?, 엘리베이터의 숫자를 눌러보아요
공간 및 도형에 대해 알아보기	거울에 비친 모습을 알아보아요, 오른쪽, 왼쪽, 위, 아래를 구별해보아요
기초적인 측정해보기	신체를 활용하여 물건의 길이를 재어보아요, 도구로 물을 옮겨 보아요
규칙성 이해하기	포장지의 무늬를 관찰해보아요, 욕실과 주방의 타일을 살펴보아요
자료정리 및 결과 나타내기	신발장의 신발을 정리해보아요, 가족의 옷을 구별해보아요, 재활용품을 분류해보아요

또한 유아들의 일상 활동영역에서 흔히 경험할 수 있는 수학활동은 다음과 같이 구성해 볼 수 있다.

❖ 표 5-3 일상 경험을 활용한 수학교육활동

활동영역	수학내용	활동명
장보기 활동	수 감각	물건 세어 담기, 큰 수를 찾아라, 묶음으로 팔아요
	공간 도형	왼쪽! 오른쪽! 직진! 지나가는 차 분류하기, 지도에서 여행지 찾기
	측정	더 무거운 것은? 더 긴 것은? 크기 순서대로 놓아보기, 우유팩의 양을 비교하기

활동영역	수학내용	활동명
	규칙성	그릇의 무늬에서 대칭과 패턴 찾기
	분류(그래프)	장보기 목록 만들기
부엌/간식 활동	수 감각	음식이나 과자를 나누어서 먹기
	공간 도형	요리할 때 세모, 네모, 동그라미로 자르기
	측정	컵의 모양은 달라도 양은 같아요
	규칙성	꼬치 만들 때는 순서가 중요해
	분류(그래프)	친구들이 좋아하는 간식은?
외식활동	수 감각	값이 싼 음식과 비싼 음식을 비교하기
	공간 도형	우리 테이블의 위치는?
	측정	냅킨으로 테이블의 크기 측정하기
	규칙성	우리 가족은 한 달에 몇 번 외식?
	분류	우리가 주문한 음식은?
자동차여행	수 감각	버스 번호 보기, 지하철 노선 세기
	공간 도형	우리 차가 달리는 차선은? 도로의 표지판 모양 찾기
	측정	지하철 노선에서 가까운 역과 종점 찾기
	규칙성	교통신호등 색깔의 규칙
	분류(그래프)	지나가는 차 분류하기
산책활동	수 감각	꽃잎은 몇 개?
	공간 도형	나뭇잎 모양이 달라요
	측정	저기까지 몇 걸음일까? 나무 둘레를 팔로 재어 보아요!
	규칙성	산책하면서 패턴 찾기
	분류(그래프)	유치원에 돌아와서 본 것을 그래프로 그려보기

출처: 홍혜경 외 6인(2010). 부모와 함께 하는 일상생활 속 수학놀이.

그림 5-2 일상생활 속 수학활동

2) 과학을 통한 수학교육

유아는 자신을 둘러싼 주변과 자연환경에 대해 선천적으로 관심과 호기심을 가지고 있다. 과학을 통한 유아수학교육의 접근방법은 구체적 물체와 실제적 상황이 제공되어야 하므로, 유아에게 타당한 내용과 맥락을 제공해 줄 수 있는 것이 환경인 것이다.

과학과 수학은 문제해결하기, 추론하기, 의사소통하기, 연관 짓기, 표상하기 등의 공통된 과정적 기술을 학습적으로 요구하고 있기에 과학과 수학의 통합교육은 매우 용이하다. 특히 자연환경을 다룰 때 자연스럽게 과학과 수학의 통합활동은 일어난다. 유아들의 사고과정은 과학적 사고와 수학적 사고가 인위적으로 분리하기 어려운 통합적 사고과정을 가지기에 더욱 과학과 수학의 통합교육이 효과적이다.

❖ 표 5-4 과학을 통한 수학교육활동

수학내용	활동명
수 감각 기르기	곤충의 다리는 몇 개일까요? 꽃잎의 개수를 세어보아요
공간 및 도형에 대해 알아보기	우리나라 지도를 놓고 동·서·남·북 방향을 알아보아요

수학내용	활동명
기초적인 측정해보기	소풍갈 때 유아들의 배낭 무게를 재어 보아요
규칙성 이해하기	1년은 12달, 일년은 사계절, 일주일은 7일!
자료정리 및 결과 나타내기	그림자의 길이를 관찰해요, 식물관찰일지를 써 보아요

그림 5-3 과학 실험을 통한 수학활동

3) 요리를 통한 수학교육

영유아들은 감각적이며 오감각을 활용하여 경험한다. 요리활동은 유아들의 오감의 발달을 증진시키고 유아의 흥미를 자극하며, 추상적인 수학적 개념들을 직접적인 경험에 의해 구체화시키므로 수학개념을 형성하기에 적합한 활동이다.

요리활동을 통한 수학교육의 통합적 접근방법은 오감각을 이용해 재료의 물리적 특성을 이해하고, 요리하는 과정에서 기초적인 수감각 능력이나 수학적 어휘 등을 습득하면서 숨어 있는 수학을 재미있고 쉽게 알아갈 수 있게 된다. 유아는 재료를 구입하거나 요리에 직접 참여하면서 재료를 분류하고 양을 측정하며, 교사와의 상호작용을 통해 수학적으로 표현하고 해석하는 등 의사소통하는 방법을 배울 수 있으며 수세기, 1:1 대응, 양과 무게의 개념, 도형 개념, 등분하기, 측정과 같은 기초적인 수 개념을 자연스럽게 배우게 된다(Colker, 2005).

❖ 표 5-5 요리를 통한 수학교육활동

수학내용	활동명
수 감각 기르기	주먹밥, 과일샐러드
공간 및 도형에 대해 알아보기	여러 모양으로 묵밥 만들기
기초적인 측정해보기	내가 만든 핫케이크, 건강 주스 만들기
규칙성 이해하기	과일 꼬치를 만들어요, 돌돌 말아 김밥
자료정리 및 결과 나타내기	좋아하는 간식을 그래프로 나타내기

그림 5-4 묵밥과 건강주스 요리를 통한 수학활동

4) 문학을 통한 수학교육

문학은 다양한 영역의 학습을 위해 유의미한 매체로 인식되고 활용되고 있으며, 특히 유아들에게는 더욱 효율적인 학습방법으로 활용되고 있다. 교수에 있어 수학과 문학을 연결하여 사용하는 것과 같은 상호 학문적 접근이 이점(Tischler, 1992)이 있는데, 유아교육에서는 이를 통합접근법으로 흔히 적용하고 있다.

또한 문학을 통한 수학교육은 유아에게 흥미로운 이야기책의 상황을 자연스럽게 수학교육 상황으로 전환시키고, 분리된 수세기나 더하기 등의 활동이 아닌, 의미 있는 상황에서 수세기나 더하기 등의 수학적 경험을 제공하기 위한 수학교육방법으로 유아들의 수학적 지식은 물론 수학적 과정 기술과 수학적 태도를 긍정적으로 발달시키는 데도 효과적이다.

❖ 표 5-6 문학을 통한 수학교육활동

수학내용	그림책
수 감각 기르기	커다란 무, 장난감 병정
공간 및 도형에 대해 알아보기	아기 염소와 늑대, 명탐정 아옹이
기초적인 측정해보기	애벌레들의 운동회, 사과가 쿵
규칙성 이해하기	야 비온다, 넉 점 반
자료정리 및 결과 나타내기	쓰레기 마을, 배고픈 애벌레

그림 5-5 창작 동화를 통한 수학활동

5) 음률을 통한 수학교육

할란과 립킨(Harlan & Rivkin, 2004)은 정서와 사고는 서로 영향력이 있으므로 음률활동을 통해 유아들은 긍정적인 정서를 경험하게 되고, 이는 사고에 영향을 미쳐 유아들이 수학에 대한 개념을 더 잘 학습하도록 하는 데 도움이 된다고 하였다. 즉, 음률활동을 통한 수학교육의 접근방법은 유아들의 학습동기를 유발시키며, 감각적 인식력을 증진시키고, 다양한 표상력을 기르며, 창의적 문제해결 능력을 향상시킨다. 음악에는 숨어 있는 수학적 요소가 많은데, 수학적 주제를 가진 노랫말이나 리듬을 활용하기도 하는 등 음악을 통해 수학적 개념을 실험하고 탐색할 기회가 주어지면 유아들은 음악의 패턴과 리듬에 대한 직관적인 경험을 할 수 있다.

❖ **표 5-7** 음률을 통한 수학교육활동

수학내용	활동명
수 감각 기르기	다섯 작은 꾀꼬리, 열 꼬마 인디언
공간 및 도형에 대해 알아보기	발 피아노, 나비야 이리 오너라
기초적인 측정해보기	더 빠른 것 더 느린 것, 맹꽁
규칙성 이해하기	나팔 집보다 분꽃집이 더 작다, 자장가 리듬 손뼉치기
자료정리 및 결과 나타내기	어디까지 왔니? 눈 소리를 만들어요

그림 5-6 물실로폰 연주를 통한 수학활동

6) 미술을 통한 수학교육

뫼비우스의 띠를 소재로 한 미술작품인 막스 빌(Max Bill, 1908~1994)의 <끝없는 표면>과 에셔(M. C. Escher, 1963)의 <불개미> 등의 작품에서도 알 수 있듯이 수학과 미술은 매우 밀접한 관계가 있다. 이러한 관계를 활용하여 유아수학교육방법에 미술을 적용할 수 있다. 논리·수학적 지식이 발달하지 않은 유아들에게 수학을 형식적인 수학이 아닌 유아교육기관에서 흔히 경험하는 미술활동과의 통합적인 활동으로 접근하는 것은 수학학습에 대한 동기유발에 매우 효과적이다. 또한 미술활동을 통해 다양한 수학적 지식을 탐색하고 수학적 내용을 명료화하며, 직관적이고 미적인 감각을 기를 수 있다.

❖ 표 5-8 미술을 통한 수학교육활동

수학내용	활동명
수 감각 기르기	동전 콜라주, 꽃이 많아졌어요
공간 및 도형에 대해 알아보기	과자로 만든 집
기초적인 측정해보기	곰 세 마리의 침대를 만들어요, 나의 병풍 책
규칙성 이해하기	나만의 목걸이를 만들어요
자료 정리 및 결과 나타내기	동물원을 만들어요, 우리 동네 가게

그림 5-7 미술을 통한 수학활동

7) 컴퓨터를 통한 수학교육

컴퓨터의 사용은 유아에게 새로운 인지적 활동을 경험하게 한다(Kaden, 1990). 요즈음은 유아들에게 컴퓨터나 스마트 기기들이 더 이상 새로운 교수매체가 아닌 일상생활 용품이라 해도 과언이 아니다. 이러한 세대를 인식하여 컴퓨터나 스마트 기기들 또한 유아교육에 효과적으로 활용할 수 있다. 컴퓨터나 스마트 기기들이 줄 수 있는 긍정적인 교육적 효과에도 불구하고 게임 중독, 스마트폰 증후군 등 우려점이 많은 것 또한 사실이므로 컴퓨터나 스마트 기기들을 유아의 교수에 활용시 특별한 주의가 필요하다. 즉, 컴퓨터나 스마트 기기를 수학교육에 활용하기 위해서는 기존의 다른 매체와 비교하여 반드시 필요한 수학 분야에 보조 교수매체로 활용하는 것이 바람직하며, 좋은 소프트웨어를 제공하는 것이 가장 중요하다.

❖ **표 5-9** 컴퓨터를 통한 수학교육활동

수학내용	활동명
수 감각 기르기	우리 집에 가려면?
공간 및 도형에 대해 알아보기	모양을 돌려보아요, 그림자를 찾아요
기초적인 측정해보기	수수 도시(쌍용정보통신)
규칙성 이해하기	밀리의 수놀이 가게(Edmark)
자료정리 및 결과 나타내기	떡갈나무 백화점(LG미디어)

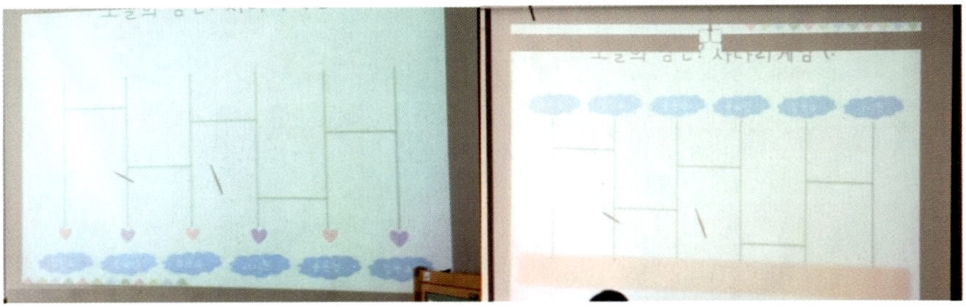

그림 5-8 컴퓨터를 활용한 수학활동

8) 명화를 통한 수학교육

인간은 언어와 수를 사용하기 전 그림을 먼저 그렸다. 구석기 시대 동굴에 그려진 벽화가 그 증거라 할 수 있다. 점차 언어와 수 개념이 발달하자 문자를 만들고 숫자를 창안한 인류는 민감한 정서를 표현하기 시작하면서 그림의 발달을 가져왔다. 특별히 유아들에게 여러 문명의 명화를 감상만 하는 것이 아니라, 명화를 통한 여러 가지 수학적 활동을 경험함으로써 창의력과 긍정적인 정서발달까지 도모할 수 있다.

❖ 표 5-10 명화를 활용한 수학교육 활동

수학내용	활동명
수 감각 기르기	명화 속 꽃은 몇 송이일까요? 명화 퍼즐
공간 및 도형에 대해 알아보기	조각품을 완성해 보아요, 몬드리안의 도형은 어떤 모양일까요?
기초적인 측정해보기	비트루비우스의 인체비례
규칙성 이해하기	'에셔'의 그림에서 규칙을 찾아볼까요?
자료정리 및 결과 나타내기	명화를 전시해볼까요?

그림 5-9 크레파스를 녹여 명화 표현하기(협동작품을 통한 수학활동)

9) 전통놀이를 통한 수학교육

수학교육의 목적은 유아가 수학의 개념을 일상생활에서 적용하고 응용하는 데 있다. 즉, 공간도형 알기, 수연산 알기, 측정하기, 규칙성 알기, 자료수집의 결과 알기 등 자연스러운 놀이활동을 통해 수학을 이해하도록 해야 한다. 유아들은 시장놀이나 은행놀이, 키재기 등의 놀이상황에서 수 연산 개념을 습득하고 측정을 하면서 단위를 알아갈 수 있다. 한편 우리나라 여러 전통놀이에도 유아들이 즐기며 수학개념을 습득하기에 유용한 것이 많다. 사방치기나 공기놀이, 땅따먹기 등의 전통 놀이를 통해 측정이나 통계, 규칙성 등을 알아갈 수 있다. 더 자세한 것은 2부에서 제시하였다.

❖ 표 5-11 전통놀이를 통한 수학교육 활동

수학내용	활동명
수 감각 기르기	공기놀이, 사방치기, 윷놀이
공간 및 도형에 대해 알아보기	고누, 땅따먹기, 그림자놀이, 딱지치기, 사방치기, 실뜨기, 칠교놀이
기초적인 측정해보기	구슬치기, 딱지치기, 땅따먹기, 비석치기
규칙성 이해하기	공기놀이, 비석치기

그림 5-10 전통놀이(실뜨기)를 통한 수학활동

6 조선시대 교수-학습과 놀이

「2019 개정 누리과정」이 놀이중심으로 개정되었다. 이 장에서는 우리 한국의 전통사회에서 아동들이 자유롭게 놀이를 통하여 터득한 수학적 개념을 분석한 필자의 연구를 수록하였다(계영희 · 하연희 · 권미량, 2018).

1) 양반계층의 유아교육

조선시대 아이들은 몇 살부터 수학을 배웠을까? 한국 전통사회의 행동규범이었던 「小學」의 「입교(入敎)」편에 기록된 것이다.

> "여섯 살이 되면 셈하는 방법과 동서남북의 방위(方位)를 가르치게 한다. 아홉 살이 되면 날짜 계산하는 법을 가르치게 한다. 열 살이 되면 남자는 스승에게 나아가 사랑방에서 잠자며 글쓰기와 셈본을 배우게 한다."

남아의 경우 6세부터 수학의 셈하기와 공간개념에 대하여 가르쳤음을 알 수 있다. 그러나 성리학을 숭상하고 사농공상(司農工商)을 경시하였으니 오직 사대부집안에서는 유아 때부터 천자문을 공부하였다. 정부의 관리 등용을 위한 시험은 중국의 고전인 「춘추」와 「예기」 등이었다. 수신제가치국평천하(修身齊家治國平天下)를 추구하던 조선사회의 전통은 오늘날까지 대학 입학시험과 각종 고시를 중요시하는 전통으로 내려오고 있다.

조선시대 여아들의 교육은 어떠했을까? 남성중심사회였던 조선시대 여아에게 공부는 중요하지 않았다. 집밖으로 외출하는 것도 쉽지 않았던 시대였다. 조선시대 양반 계층에서는 남아들도 집밖에서 역동적으로 맘껏 뛰어 놀 수 있는 사회가 아니었다. 몸을 움직이며 손에 흙 묻히는 것을 상스럽다고 천시했다. 사대부 가정에서는 과거시험을 목표로 어릴 때부터 사서삼경의 교과목을 주입시키는 교육이 이어졌다. 충분히 놀이에 몰입한 아이들이 인지능력과 인성도 건강하다는 유아교육의 연구결과는 이미 잘 알려진 사실이다. 아래 그림을 보면 공기놀이는 남아들의 놀이였음을 알 수 있다.

그림 5-11 조선시대 윤덕희. 〈공기놀이〉
출처: 국립박물관.

자연히 양반의 자제들은 동화, 수수께끼, 동요와 같은 언어적 놀이를 하고, 집안에서 할 수 있는 숨바꼭질, 술래잡기, 공기놀이를 했다. 특히 여아들은 그림그리기, 수예, 인형을 만들면서 주로 바느질과 관련되는 놀이를 했다.

2) 서민층의 유아교육

일반 농촌의 서민층 유아들은 대가족 속에서 살며 5~7세경이 되면 가정 밖으로 나가 또래끼리 어울렸다. 놀이를 통하여 에너지를 맘껏 분출하면서 상호작용하며 성장했다. 유아들에게는 상호작용이 곧 학습이다. 어린 영아들은 언니와 형을 따라다니며 놀이를 구경하는 관찰자로 지내다 나이가 차면 적극적으로 놀이에 참가하게 된다.

협동놀이에는 교육적으로 장점이 많다. 편을 갈라 게임을 하면 아동은 소속감을 느끼며 동시에 자기편이 이겼으면 하는 바람에 승부욕과 경쟁심이 생기는 법이다. 이겼을 때는 성취감을 느끼고, 패했을 때는 다음번을 기약하는 다짐과 각오를 하며 정서적으로 성장하는 법이다.

❖ **표 5-12 전통놀이 분류**

전통놀이 분류	
참가인원에 따라	혼자놀이: 인형놀이, 혼잣말놀이, 바느질놀이, 제기차기
	협동놀이: 술래잡기, 공기놀이, 비석치기
역동성에 따라	격렬한 놀이: 닭싸움, 고무줄놀이
	조용한 놀이: 만화그리기, 수놓기, 인형 만들기, 오자미 만들기
내용에 따라	언어적 놀이: 동화, 수수께끼, 동요 부르기
	놀잇감 없는 놀이: 숨바꼭질, 술래잡기
	놀잇감 있는 놀이: 공기놀이, 제기차기

아동의 놀이에서 역동적인 놀이가 중요한 이유는 놀잇감에 관계없이 협동놀이에는 반드시 규칙이 주어지기 때문이다. 규칙이 있는 놀이를 하다보면 아동은 자연스레 책임감과 리더십을 터득하게 된다. 또 아동의 놀이는 단순한 놀이로 그치는 것이 아니다. 전통의 생활문화가 교육되는 곳으로 신체적, 인지적, 도덕적으로 발달하고, 언어 및 사회성 발달도 촉진된다.

영아의 경우 처음엔 조부모가 놀이의 교사노릇을 하지만 나이가 들면서 차츰 형제와 또래로 확장된다. 형제와 또래와의 놀이는 유아교육자 비고츠키의 이론을 차용하면 '근접발달영역' 안에서 배움과 가르침이 이루어지는 것이다. 인지적 학습이 아니라 정의적으로 인지능력과 더불어 인성교육이 이루어지는 것이다.

놀이의 장소는 어디였을까? 영아는 집안의 방이나 마당이 교육의 장소이지만 나이가 많아질수록 집 밖으로 나가 넓은 공터, 냇가 등으로 공간이 확장된다. 전통적으로 7살이 되면 자연스레 여아와 남아의 놀이가 구별되었다. '남녀 7세 부동석(不同席)'이라는 성역할의 교육이 이루어지는 시기인 동시에 형이나 언니가 없어도 자발적인 놀이가 이루어지는 시기가 7살인 것이다.

전통놀이 속에서 아이들이 터득하게 되는 수학개념을 분석한 결과는 다음과 같다.

❖ 표 5-13 전통놀이에서 터득하게 되는 수학개념

놀이의 종류	놀이방법	수학적 개념을 포함하여 향상되는 능력
고누	땅바닥에 말판을 그리고 돌을 말로 사용하여 바둑처럼 따먹는 놀이	도형의 감각, 문제해결력, 순발력, 추론 능력이 발달
고무줄 놀이	노래를 부르며 공터에서 인원수에 따라 고무줄을 한 줄, 두 줄, 세 줄로 만들어 뛰고 넘는 놀이	조합의 개념, 음률감각, 문제해결력, 사회성 향상
공기놀이	밤알크기 돌 5개로 공기돌을 만들어 (1, 3) (2, 2) (3, 1)로 갈라서 공기돌을 공중에 던졌다가 잡는 놀이	수개념과 규칙의 패턴인식, 민첩성과 협응, 규칙준수에 따른 사회성 향상
구슬치기	땅바닥에 구멍을 11개 만들어 구슬을 넣거나 상대편 구슬을 맞추는 놀이	집중력, 침착성, 측정감각과 문제해결력이 향상
그림자 놀이	겨울철 손과 손가락으로 창호지문에 비치는 그림자로 가축의 모양을 만드는 놀이	도형과 공간개념, 손과 손가락의 조작기능, 언어유창성이 발달
땅따먹기	땅바닥에 커다란 사각형이나 원을 그린 후 자기 집을 정하고 가위, 바위, 보로 자기 땅을 넓혀나가는 것으로 2명, 3명, 4명이 할 수 있는 놀이	도형감각, 측정감각이 발달, 손의 조작기능, 사회성과 도덕성이 함양

놀이의 종류	놀이방법	수학적 개념을 포함하여 향상되는 능력
비석치기	두 편으로 갈라 거리를 두고 발끝부터 시작하여 정수리까지 자기 말을 가지고 접근하여 상대편 말을 쓰러뜨리는 놀이	집중력과 몸의 균형 감각이 향상
사방치기	직사각형 모양에 10칸을 만들어 금을 긋고 숫자를 적은 후 1부터 10을 쓴 칸을 순차적으로 돌면서 하는 놀이	도형의 변환, 숫자 인식, 순발력과 무게중심이 향상
실뜨기	여아들이 바느질을 배우기 전에 실과 친해질 수 있는 놀이로 전 세계적으로 널리 알려진 놀이	도형의 변환에 대한 감각, 공간개념과 순발력이 향상

7 「2019 개정 누리과정」에 기초한 유아수학교육

「2019 개정 누리과정」이란 우리나라 3~5세 유아가 다니는 유치원과 어린이집에서 교육과정을 운영할 때 필요한 공통적이고 일반적인 기준을 국가에서 제시한 것으로 「2015 누리과정」을 보완, 개선한 것이다.

개정의 목적은 연령별 교육내용이 너무 과다했고, 현장에서 적용하는데 너무 획일적이라는 비판이 있었기 때문이다. 이에 유아가 중심이 되고 놀이가 살아나는 교육과정의 혁신을 꿈꾸며, 유아의 자유 놀이를 권장하고 현장의 자율성을 확대하였다. 새로운 교육과정은 21세기 미래지향적 인간을 길러내기 위한 핵심역량을 반영하였다. 그 결과 369개의 내용이 59개의 내용으로 간략화하였고, 평가 또한 간략화되었다.

현재 우리사회가 유아를 교육하고자 하는 '내용'과 '질'을 결정하는 중요한 토대인 누리과정은 디지털사회가 요구하는 시대적 요청을 피할 수 없다. 특히 수학은 21세기 후기 정보화시대에서 그 중요성이 부각되고 있다. 이는 유아교육에서도 예외가 아니며, 유아수학교육은 더 이상 수학을 학문자체로 탐구하거나 이해하기 위한 기초과정이 아니다. 유아가 이미 가지고 있는 지식과 경험, 직관적 아이디어를 활용하여 수학적 상황을 다양한 방법으로 표현하고 반성하며, 다른 사람과 의사소통하고 추론하여 문제를 이해하고 해결하는 문제 해결자가 되도록 하는 데 의의가 있다(최보철, 2012).

「2019 개정 누리과정」은 신체운동·건강, 의사소통, 사회관계, 예술경험, 자연탐구 등 5개 영역으로 「2015 누리과정」과 똑같다. 수학은 자연탐구영역에 속한다.

다음 표는 「2015 누리과정」과 「2019 개정 누리과정」의 내용범주를 비교하고 앞으로 가르쳐야 할 세부 내용이다.

❖ **표 5-14** 「2019 개정 누리과정」의 자연탐구영역

내용범주(2015)	내용범주(2019)	내 용
탐구하는 태도 기르기	탐구과정 즐기기	주변 세계와 자연에 대해 지속적으로 호기심을 가진다.
		궁금한 것을 탐구하는 과정에 적극적으로 참여한다.
		탐구과정에서 서로 다른 생각에 관심을 갖는다.
수학적 탐구하기	생활 속에서 탐구하기	물체의 특성과 변화를 여러 가지 방법으로 탐색한다.
		물체를 세어 수량을 알아본다.
		물체의 위치와 방향, 모양을 알고 구별한다.
과학적 탐구하기		일상에서 길이, 무게 등의 속성을 비교한다.
		주변에서 반복되는 규칙을 찾는다.
		일상에서 모든 자료를 기준에 따라 분류한다.
		도구와 기계에 대해 관심을 가진다.

내용범주(2015)	내용범주(2019)	내 용
	자연과 더불어 살기	주변의 동식물에 관심을 가진다.
		생명과 자연환경을 소중히 여긴다.
		날씨와 계절의 변화를 생활과 관련짓는다.

출처: 교육과학기술부·보건복지부(2013). 2019 개정 누리과정 지원사업 연구자료.

「2019 개정 누리과정」의 자연탐구영역에서 제시하는 목표는 탐구하는 과정을 즐기고, 자연과 더불어 살아가는 태도를 가지는 것이다. 구체적으로는 다음과 같다.

① 일상에서 호기심을 가지고 탐구하는 과정을 즐긴다.
② 생활 속의 문제를 수학적, 과학적으로 탐구한다.
③ 생명과 자연을 존중한다.

<생활 속에서 탐구하기>의 내용 7가지 중 5개가 수학이다. 따라서 생활 속에서 어떤 놀이를 하면서 유아들의 수학적 사고가 증진될 수 있는 사례를 살펴보도록 한다. EBS에서 방영한 <수학이 야호> 프로그램은 생활 속에서 놀이를 통하여 수학개념을 스토리텔링으로 만든 것이다. 필자가 관여한 주제를 소개하면 다음과 같다(<수학이 야호> 카페 엄마표 커리).

1) 물체를 세어 수량을 알아본다.

(1) 하나에 하나씩

유아수학의 첫 걸음은 수를 이해하기 전에 먼저 '하나에 하나씩' 공통된 사물을 짝지어 주기에서 시작해야 한다. 첫돌이 지난 영아들이 말을 알아듣기 시작하면, 가족들의 모임에서 다과나 과일을 먹을 때 할아버지, 할머니, 엄마, 아빠, 삼촌 등에게 하나씩 갖다 주는 것을 신나게 한다. 이는 발달단계상 가장 먼저 할 수 있는 것이 바로 1대1 대응인 유아들의 놀이이기도 하다.

1대1 대응은 양쪽의 수가 똑같은지, 많은지, 적은지를 확인할 수 있는 놀이이므로 수를 이해하는 기초가 된다. 우유팩이나 요구르트 병에 빨대를 꽂는 일, 병마개를 씌우는 일, 단추 구멍에 단추를 채우는 일은 모두 1대1 대응의 소재이다. 식사시간에는 수저와 포크, 그릇을 활용하고, 음식을 먹으면서도 즐겁고 신나게 대응개념을 이해하도록 도울 수 있다.

1대1 대응은 3개 이상의 수를 기본으로 다루는 것이 좋으며, 나누어주기를 하다가 부족하거나 남을 때가 곧 인지발달의 중요한 찬스이다.

미개인들은 3 이상의 수를 '전부' 또는 '대단히 많다'라는 의미로 이해하고 있다. 실례로 3(three)의 어원은 라틴어의 많음(tre)에서 유래했다.

유아가 3개를 나누어주기를 하다가 부족과 남음의 상황이 벌어지어 갈등상황을 느끼게 되면 이때를 놓치지 말고 피아제가 제시했던 '동화와 조절'의 과정을 자연스레 이해하도록 한다. 남지 않으면 '똑같다'를, 남거나 모자를 때 '남았어?', '모자라는구나!'의 어휘를 사용하면서, '이쪽이 많네', '그쪽이 적어'라는 말들이 자연스레 나오도록 해야 한다. 유아들의 새로운 경험이 곧 인지가 발달하는 찬스이다.

(2) 짝짓기

'짝짓기'는 비슷한 성질이 있는 사물을 선택하거나, 구두와 장갑 같은 반드시 있어야 하는 물건의 짝의 필요성을 알게 한다. 1대1 대응이 하나에 하나씩 짝을 짓는 '짝짓기'의 개념으로 두 집합의 개수가 같음을 알아야하는 수의 기초이다. 그러나 구두와 장갑 같은 물건의 짝짓기는 2개의 사물에서 1개를 선택하여 짝을 짓고, 3개의 사물에서 1개를 선택하는 일, 물건의 주인을 찾아서 짝을 짓는 것이다.

영유아의 필수품, 유치원 생활에 필요한 유아의 물건, 가족의 물건을 활용하여 짝짓기를 할 수 있도록 격려하면 인지능력과 함께 소유의 개념도 학습된다.

짝을 잃어버린 신발과 장갑은 정말 쓸모가 없다. 아이들이 동화 속에서 진지하게 이야기 속에 빠져버리면 짝을 찾았을 때의 만족감과 행복감을 느낀다. 이 때 왼쪽과 오른쪽의 신발과 장갑을 가르치면서 오른쪽, 왼쪽의 단어를 익히도록 한다.

(3) 0과 1, 2, 3, 4, 5

① 수는 '개수' 또는 '크기'를 뜻하는 기호다. 개수는 사람, 동물, 과일, 색연필과 같이 하나 하나 떨어져 있어서 자연스럽게 셀 수 있는 양(분리량)을 말한다. '사탕 2개를 먹었다'라고 할 때의 2는 사탕의 개수이지만, '이 생수가 2L다'라고 할 때의 2는 물의 양을 말한다.

② 수는 '순서'를 뜻한다. '우리 집은 7층이다'라는 말은 건물 바닥(기준)으로부터 떨어져 있는 정도를 나타내는 것으로 바닥에서 일곱 번째 층을 나타낸다.

③ 수는 '이름'을 뜻한다. 전화번호(02)는 서울지역을 나타내므로 수 자체가 이름의 역할을 한다.

수세기는 하나씩 보태면서 세는 법과 하나씩 빼면서 세는 법이 있다. 하나씩 보태면서 세는 것은 덧셈의 원리를, 하나씩 빼면서 세는 '거꾸로 수세기'는 뺄셈의 원리를 이해하기에 좋다.

유아가 수의 모양을 친숙하게 접하도록 지도하려면

① 시각적으로: 1에서 5까지의 수 카드 두 벌과 점 카드 한 벌을 준비한다. 숫자를 쓴 수 카드 두 벌을 뒤집어 놓고 엄마와 유아가 교대로 카드를 뒤집어서 나온 수만큼 이름을 부르면서 점 카드와 짝짓

기를 해본다.

② 촉각적으로: 마분지, 호일 등 여러 종류의 재료를 이용하여 숫자모양을 그린 다음에 오린다. 또 눈을 감고 손으로 따라 그려 보며 숫자와 친하게 해주면 좋다.

③ 청각적으로: 유치원에서 교사가 수를 부르면 유아가 탬버린, 실로폰, 캐스터네츠 등 타악기로 수의 개수만큼 소리를 내도록 놀이를 하면 소리에 귀 기울이면서 자연스레 집중력에도 도움이 된다.

(4) 숫자 5의 변신

사물 5개가 2개와 3개로, 1개와 4개로 나누어질 수 있음을, 다시 2개와 3개, 1개와 4개로 나누어진 것을 모으면 5개가 되는 것을 알도록 한다. 간식시간에 과자나 사탕으로, 또 놀이를 할 때 구슬을 활용해도 좋다. 그 다음에 0과의 합은 변함이 없으며, 두 수를 합하면 하나의 수가 되고, 한 수가 두 개의 수로 나누어질 수 있음을 수막대를 사용하여 덧셈과 뺄셈을 보다 적극적으로 도입해도 좋다.

0의 의미는 '없다'의 뜻이므로 눈에 보이지 않는 것을 수로 표현하는 일이란 유아에게는 결코 쉬운 일이 아니다. 그냥 '없다'가 아니라 '있다가 사라진 것'의 의미로 설명해야 한다. 가령, 접시 위에 귤을 2개 올려놓았다가 없어진 상태를, 빈 접시를 보여주며 '아무 것도 없구나!'라고 '0'의 의미를 지도해 주는 것이 좋다.

(5) 6에서 10까지 쉽게 배우는 방법

사탕을 7개 놓고 "몇 개야?"라고 물으면 대부분 유아는 "하나, 둘, 셋, 넷, …" 하고 세기 시작한다. 어른도 한눈에 파악할 수 있는 수는 3~4개 정도여서 아이들이 센 것을 또 세기도 하고 얼마까지 세었는지도 잊어버리는 것은 당연하다. 이럴 때 손가락 '5'를 한 묶음으로 개수를 파악한 다음 남은 것이 몇 개인지 확인하면 편리하다. '5와 얼마'로 6에서 9까지 파악하고 10은 5가 두 묶음임을 양손가락을 사용하여 익히도록 한다.

손가락을 자연스럽게 사용하지 못하는 경우에는 10개 들이 계란판과 구슬, 블록을 사용하여 5개로 한 줄을 채운 다음 나머지 줄을 채워가며 6에서 10까지를 익힐 수 있다.

수의 이름과 의미를 익히고 나면 손가락이나 교구를 사용하지 않고, 입으로 수를 부르면서 개수를 알게 되면 수 카드를 찾아서 연결하고, 수의 이름표 달아주기를 통해 수를 표기하도록 한다.

옛날 유럽에서는 로마인들이 숫자로 사용한 문자 I, II, III, IV, V는 5진법을 기본으로 숫자가 만들어졌다. 현재 시계나 책의 장, 광고지 등에 표기되는 로마숫자를 1에서 5까지 수와 비교하면서 놀이삼아 익혀도 좋다.

(6) 10보다 큰 수는 수막대로 배우자

유아가 10보다 큰 수를 모를 때 아파트 층수를 세는 놀이로 시작하면 좋다. "1층, 2층, 3층, …, 10층! 어~ 더 높네. 어떻게 세는 거야?"라고 질문을 하는 경우 유아 스스로 자신만의 수세기 방법을 생각해 보도록 도와주자. 10보다 큰 수는 수막대를 활용하는 게 좋은데 수막대 교구가 눈에 안보일 때 쉽게 만들려면 쌓기 블럭을 활용하면 훌륭한 수막대 역할을 톡톡히 한다.

(7) 서수의 개념

자연수에는 '기수와 서수' 두 속성이 있다. 1, 2, 3, … 은 한 집합에서 원소의 순서를 생각하지 않고 그 크기와 개수를 나타내는 것으로 기수(基數)라고 한다. 첫째, 둘째, 셋째처럼 원소들의 차례를 세거나 순서를 나타내기 위해 쓰이는 것이 서수(序數)이다.

유아들에게 순서대로 점을 이어 그림을 완성하는 활동이 바로 (순)서수를 익히는 활동이다. 수의 순서가 틀리면 그림이 제대로 완성될 수 없다. 생활 속에서도 순서수를 경험하는 경우는 고층아파트에서 엘리베이터를 타고 올라갈 때 전광판의 수가 차례대로 커지는 것이다. 가고자 하는 층을 누르면 전광판에 수가 순서대로 커지거나 작아지는 모습을 보며 순서수를 유아에게 가르치는 좋은 기회로 활용할 수 있다.

합리적인 수세기를 하려면 물체를 셀 때 수의 순서를 정확히 알아야 하고, 물체를 하나씩 한 번만 세면서 마지막으로 센 숫자가 전체의 양을 나타낸다는 사실을 알게 된다.

또 서수는 그림책이나 책꽂이에서 몇 번째 것인지 찾는 활동을 하면 자연스레 그 개념을 익힐 수 있다.

(8) 모으기와 가르기의 연산

어떤 수들이 모여 하나의 수를 만드는 것이 '모으기'이고, 반대로 한 수를 둘 이상의 수로 나누는 것이 '가르기'다. 이 방법은 덧셈과 뺄셈의 기본전략이 되므로 유아 때 놀이를 통해 자연스레 익히면 나중에 연산의 디딤돌이 된다.

가령 커다란 접시에 수북하게 담은 과자를 개인접시에 나누어 담은 후 각자의 개인접시에 과자가 몇 개인지를 확인한다. 개인접시에 담은 것을 다시 한 줄로 늘어놓는다. 이 때 중요한 것은 어떤 수로 가르거나 모아도 수는 변하지 않는다는 '수의 보존성'을 정확히 이해하는 기회를 주어야 한다. Piaget는 수의 보존개념이 획득되어야만 수 개념이 이루어진 것으로 보았다.

또 두꺼운 빨대 10개를 활용하여 다양한 방법으로 가르기를 해보고 모으기를 한 다음 10개가 되면 고무 밴드로 묶어 10묶음 수의 경험을 통해 십진법의 기초를 이해하도록 해주면 좋다. 수막대로 모으기를 하면 10의 보수를 자연스럽게 익힐 수 있다.

(9) 열 개씩 묶어보자: 십진법의 이해

손가락을 사용하여 1부터 9까지 세고 마지막 10을 세게 되면 양손가락 모두를 펼쳐야한다. 10보다 큰 수를 나타내기 위해 한 자리씩 올라갈 때마다 자릿값이 10배씩 커지게 나타내는 방법이 십진법이다.

보통 유아는 만 3세부터 수를 세는 방법 '기수법'을 알기 시작하고, 만 5세가 되면 십진법개념이 발달한다. 십진법개념이 발달하지 못한 상황에서도 십진법을 이용하는 이유는 유아들이 수와 관련된 단어를 사용하기 때문이다. 예를 들어, 나이를 말하거나 물건을 셀 때, 일상생활에서 어른들의 모습을 보고 수 단어를 따라서 사용한 뒤에 수 단어 간의 관계를 이해하게 되기 때문이다.

'십 또는 열'이라고 말하는 '10'은 1이 10개 모인 수이고, 5가 2개 모인 수이며, 9보다 1 큰 수임을 아는 것이 중요하다. 또 숫자는 쓰는 자리에 따라 그 크기가 달라진다는 사실을 분명히 알도록 해야 한다.

십진법을 이해하려면 자동판매기와 마트로 견학을 가보자. 생활 속에서 물건을 묶는 수는 다양하다. 가령 달걀은 2, 10, 20, 30개로 다양하게 묶어서 판다. 가장 많이 구입하는 10개 달걀판을 이용하여 십진법을 반복하여 익히면 좋다. 또 동전교환기에 천 원짜리 지폐를 넣고 동전 10개가 나오는 것을 직접 경험하게 되면 100원짜리 10개가 1000원짜리 1장과 같음을 알게 된다.

(10) 한 개를 나누는 지혜: 분수

초등학교 때 배우는 분수개념을 유아에게 가르치는 것은 무리일까?

20세기 미국 교육계를 풍미한 거장 Piaget와 Bruner는 1960년대 '새 수학 운동'의 일환으로 유아교육에 분수를 포함시켰다. 유아기야말로 좀 더 많은 수학개념을 학습할 수 있는 중요한 시기로 보았기 때문이다.

유아는 분수에 대한 개념이 없다고 생각하기 쉽다. 그러나 둥근 케이크나 피자를 조각으로 잘라 나눠먹을 때 막연하지만 이미 분수개념을 접하고 있는 것이다. 단지 언어적으로 분수를 표현하거나 수학적으로 생각해 본 경험이 없을 뿐이다.

피자나 팬케이크를 먹는 간식 시간을 이용하여 분수의 의미를 이해시킬 수 있다. 네모반듯한 식빵 한 조각을 2조각 또는 4조각으로 나누어 잼을 발라 먹으면서 $\frac{1}{2}$, $\frac{1}{4}$ 등의 분수로 표현하는 것이 아니라, 하나를 몇 조각으로 잘랐는지를 말로 표현해 보도록 하면 된다.

구운 김을 자를 때 먹기 좋은 크기로 자르고 싶으면 몇 조각으로 나누면 좋은지 물어본 다음 4조각, 6조각, 8조각으로 나누어 보면서 생활 속에서 분수가 얼마나 다양한 곳에 숨겨져 있는지를 자연스레 알도록 하면 수학과 친근해질 수 있다. 요리는 다양한 재료를 잘라야 하므로 분수를 공부하기에 적당한 활동이다.

(11) 둘씩 뛰어 세기, 홀수와 짝수 이해하기

가령 유아가 간식을 먹을 때 10개씩 먹자고 정한 후, 개수가 10개가 맞는지 확인을 할 때 한 번은 바로 세어보고, 또 한 번은 수를 거꾸로 "10, 9, 8, …, 1"로 세어본다.

바르게 수세기는 덧셈을, 거꾸로 수세기는 뺄셈을 위한 기초 개념이다. 바르게 수세기와 거꾸로 수세기는 역연산의 활동에 해당하므로 덧셈과 뺄셈관계의 기초가 된다. 나아가 학령기에 뺄셈과 나눗셈을 한 다음, 정답을 검산하기 위해 확인하는 활동이기도 하다.

엘리베이터를 탈 때 짝수, 홀수 층으로 나눠서 운행하는 승강기에서는 1, 3, 5, 7, ... 또는 2, 4, 6, 8 ...로 둘씩 건너뛰어 세기를 생활 속에서 가르쳐주자. 예전에는 사내아이들의 경우 구슬로 홀짝놀이를 많이 했는데 놀이 속에서 저절로 홀수, 짝수의 개념이 익혀졌던 것이다.

계단을 활용할 수 있는 놀이는 없을까? 뛰어오르기를 좋아하는 사내아이들에게는 계단을 2칸씩 건너뛰어 세기를 해보면서 2, 4, 6, 8 ...을 세어보게 한다. 이는 곧 구구단의 2단이 저절로 몸에 스며드는 활동인 것이다.

2) 물체의 위치와 방향, 모양을 알고 구별한다.

(1) 동그라미, 세모, 네모

○, △, □를 나열하고 똑같은 도형을 찾아내는 일, 색이 다른 도형 여러 개 중에서 같은 색을 고르는 일을 하면서 색과 모양의 기준에 따른 자료의 수집과 분류를 익히도록 한다. '공간과 도형', '자료의 수집과 분류', '수 개념'은 각기 따로 발달하는 것이 아니다. 수를 이해하려면 양을 알아야 하고, 양을 인식하려면 자료를 먼저 분류해야 한다.

생활용품에서 동그라미, 세모, 네모의 모양을 찾아내도록 지도하려면 유치원 가방과 그림책은 네모, 삼각 김밥은 세모, 수박과 시계, 자동차 바퀴는 동그라미임을 알게 한다.

도형놀이에서 가장 훌륭한 도구는 색종이다. 가위로 자를 수도 있고, 자른 것으로 합하여 새로운 도형을 만들 수 있기 때문이다. 사각형 색종이를 자르면 삼각형이 2개 되고, 또 둘로 나누어 4개의 작은 삼각형을 만든다. 작은 삼각형 2개로 큰 삼각형도 만들 수 있고, 삼각형으로 사각형을 만들면서 아이들은 자연스레 '분해와 합성'의 의미를 알게 되며 신바람나게 가위질을 할 수 있다. 가위질은 집중력과 관찰력을 기르기에 충분하고, 손과 눈의 협응을 촉진하여 뇌를 활성화시킨다.

(2) 나도 끼워줘: 부분으로 전체를 추론

부분과 전체에 대한 개념은 전체가 여러 부분들로 나누어질 수 있다는 것과 또 부분들이 모여서 전체가 만들어짐을 이해하는 것이다.

그림카드에서 '빠진 곳 찾기(picture completion)' 과제는 유아의 시각적 예민성과 조직화 능력, 집중력을 기르는 문제이다. 또 사물의 본질적, 비본질적인 부분을 파악하는 능력을 측정하므로 <웩슬러 유아용지능검사>에서 활용되고 있는 주요문제이다.

이러한 사고력을 신장시키려면 다음과 같은 놀이를 해보자. 가령 사각형을 가지고 단순히 네모로 인식했던 유아에게, 사각형이 네 개의 선분으로 둘러싸인 것으로 이해가 된 후에 선분 하나가 빠진 도형을 제시한다. 사각형이 되기 위해 필요한 부분을 찾는 놀이를 하면 부분으로 전체를 추론하는 도형영역의 기초학습이 된다. 삼각형도 마찬가지다.

수의 영역에서 '부분과 전체' 관계에 익숙하면 덧셈과 뺄셈의 기초가 형성된다. 가령 구슬 5개를 가지고 2개와 3개, 4개와 1개, 2개와 2개와 1개 등으로 다양하게 분할하는 조작을 해본다. 유아는 수 사이의 관계를 이해하고 '3'이 있을 때 '5'를 만들려면 비어있는 나머지 부분에 2가 필요하다는 것을 알게 된다. 자연스럽게 환경 속에서 수세기에 기초한 비형식적인 부분과 전체의 관계를 이해하는 경험은 형식적인 덧셈과 뺄셈 문제해결의 기초가 되기 때문이다.

(3) 나는 세상의 중심

인간은 원래 자기를 기준으로 세상을 바라본다. 고대사회와 중세 유럽의 지도가 그 증거이다. 실제로 인간은 어릴 적부터 자신의 주변 환경을 조직하고 그것을 언어로 표현하곤 한다. 타인에게 물리적인 환경 구성을 설명하거나 사물의 배치를 언어로 전달하려면 위치어가 필요하게 된다.

'위치어'는 앞, 뒤, 오른쪽, 왼쪽, 위, 아래, 사이, 가운데, 중간과 같이 공간 상태에서 위치를 나타내는 어휘로 위치개념의 속성을 지니고 있다. 위치어는 '유아 자신의 위치어'와 '사물 위치어'로 구별할 수 있다.

유아 자신의 위치어는 유아가 자신을 기준으로 위치를 정할 때 유아와 사물과의 관계에서 나타나는 위치어를 말한다. 또 '사물 위치어'란 유아가 사물을 기준으로 위치를 정할 때 사물과 사물의 관계에서 나타나는 위치어를 말한다.

Piaget는 왼쪽–오른쪽, 앞–뒤 개념의 발달은 유아가 자기중심적 견해에서 탈피할 수 있게 하는 요인이라고 말하였다.

① 위와 아래의 위치 관계에 대한 단어를 자기를 기준으로 표현해보도록 하려면 살고 있는 아파트의 환경을 활용하면 좋다. 가령, 10층 아파트의 5층에 사는 유아에게는 6~10층은 위층이, 1~4층이 아래층이 되고, 1층에 사는 유아에게는 2~10층이 위층이 된다.

② 오른쪽과 왼쪽을 가르치려면 율동할 때 오른손과 왼손을 활용하는 것이 좋다. 유아들이 교사와 마주보고 체조를 하거나 율동을 따라하게 되면 교사가 오른손을 올리면 유아들은 왼손을 들게 된다. 그리하여 유치원 교사들은 율동을 할 때 유아의 왼쪽이 교사의 오른쪽이 되도록 손과 발을 들곤 한다. 보이는 상대의 움직임과 다르게 자신의 오른쪽과 왼쪽을 구별하여 움직이는 것은 유아에게 어려운 활동이므로 교사와 유아가 오른손에 팔지를 하나씩 끼고

게임을 하면서 각자 기준의 오른쪽과 왼쪽이 있음을 알도록 하면 좋다.

(4) 세모의 변신

한 개의 도형 또는 여러 도형으로 새로운 형태를 구성하기 위해 도형을 모으거나 나누는 활동을 '도형의 합성·분할'이라 한다. 도형의 합성·분할은 도형의 특징을 이해하고 공통점과 차이점을 구별하고 활용할 수 있는 능력이 필요하다. 이러한 능력은 색종이를 접어 대칭모양을 자르거나 여러 종류의 블록을 조립하고 다시 해체하는 경험을 통해 향상된다. 즉, '가역적인 사고'가 발달하게 된다.

가역적 사고가 발달되는 예를 보자. 모든 다각형은 삼각형으로 쪼갤 수 있고, 도형의 기본은 삼각형이다. 색종이를 가위로 잘라서 세모를 만들었다. 세모를 뾰족한 부분끼리, 평평한 부분끼리 만나게 하면 어떤 모양을 만들 수 있을까? 세모 2개는 아래 그림처럼 나비와 다이아몬드가 만들어진다.

세모의 개수를 3개, 4개로 늘려서 변끼리 이어 붙이게 하면 사다리꼴, 평행사변형, 큰 정삼각형도 만들 수 있다. 유아에게 도형을 설명하고 이름을 외우도록 할 필요가 없다. 모양의 이름을 스스로 자유롭게 짓도록 하면 평소 관찰했던 사물과의 유사점을 찾아 다양한 이름을 지을 수 있도록 창의력이 신장되도록 한다.

모양을 완성한 후 움직이는 것인지, 아닌지를 물어보고 힌트를 주어

교사가 이름을 맞추는 방식으로 유아의 생각을 이야기 나누기로 표현력과 상상력을 길러주면 좋다. 다음 모양은 유아들이 창의력 있게 지은 예가 된다.

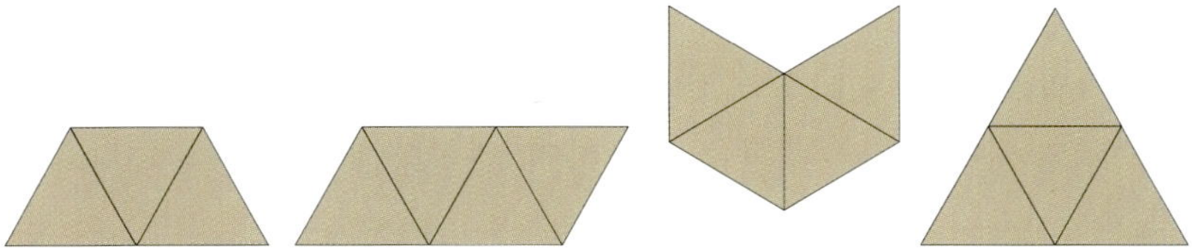

지붕 기차 여우 산 또는 트라이앵글

3) 일상에서 길이, 무게 등의 속성을 비교한다.

(1) 크다와 작다

어른들은 길이와 부피(들이), 무게를 구별하여 도량형(度量衡)이라고 말한다. '도'는 길이, '량'은 부피, '형'은 무게를 말하는 것이다. 그러나 유아수학에서는 길이, 부피, 무게를 모두 합하여 '양'으로 간주한다.

어린 영아에게 과자를 주면 큰 것과 작은 것을 금세 식별하는 능력이 있다. 즉, 발달단계상 '크다와 작다'는 양을 배우는 출발점이 되어야 한다. 사물을 비교하는 능력은 처음엔 두 개를 비교하고 그 다음엔 세 개를 비교하여 제일 큰 것과 제일 작은 것을 인지하는 게 좋다. 이 개념은 후에 순서 짓기나 분류할 때 필요한 기초지식이 되기 때문이다.

가정에서는 아빠, 엄마, 유아의 키를 비교하면서 또 모자의 크기, 티셔츠의 크기 등 하나씩 1대1 대응을 해보면서 아빠, 엄마, 유아 자신의 것과 자연스럽게 순서대로 크기를 알도록 한다. 제일 큰 아빠, 제일 작은 유아를 이해하면서 '더 크다, 더 작다'의 개념과 어휘를 확장하면 좋다.

처음엔 시각적으로만 판단하고, 그 다음엔 두 사물을 직접 대보고, 그 다음엔 임의 도구를 사용하고, 마지막엔 자와 저울, 온도계 등 측정도구의 필요성을 인지하도록 한다.

(2) 시각적 비교: 많다와 적다

물체를 보자마자 즉각 인식하고 파악하는 능력을 '즉지(subitizing)'라고 한다. 즉지는 수학적 과정을 사용하지 않고 물체의 수를 인식하는 '지각적' 즉지와 수 세기와 패턴을 이용하여 인식하는 '개념적' 즉지로 구분된다.

개념적 즉지는 수세기와 패턴 만드는 능력을 사용하므로 수개념과 계산 능력이 발달하게 된다. 즉지는 물건의 배열과 공간의 영향을 받는다. 6개의 공을 그림처럼 다양하게 배열하면 왼쪽 직사각형부터 순서대로 쉽게 즉지하기가 쉬워진다. 다양한 방법으로 공을 제시한 다음 배열을 바꾸어 공의 개수를 세어보도록 해준다. 즉지로 어림하기 능력과 기하 개념이 함께 발달하도록 지도할 수 있다.

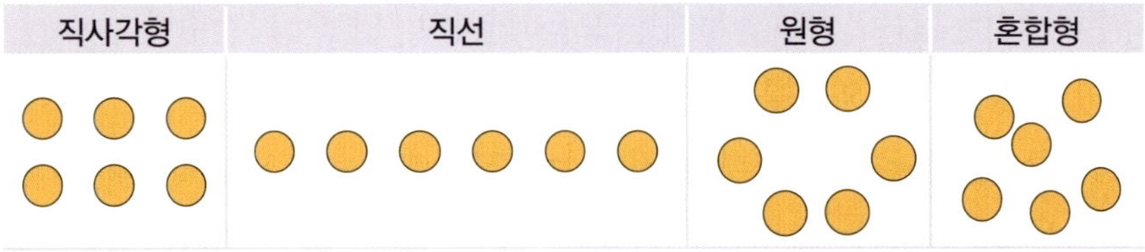

다음 그림을 보면 배열된 공의 개수가 8개일 때보다 10개일 때 더 쉽게 즉지할 수도 있다.

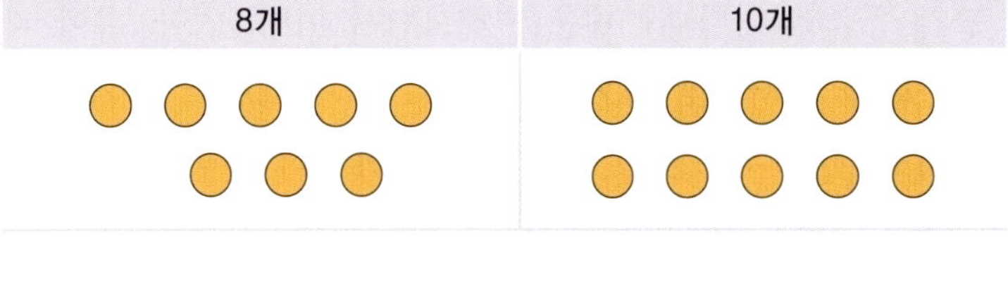

(3) 시각적 비교: 넓다와 좁다

교육과정은 바뀌었을지라도 놀이를 통하여 교사가 측정영역의 목표를 가지고 이끌었으면 하는 바람에서 다음을 제시한다.

① 놀이 속에서 어떻게 유아들이 길이, 양, 넓이, 무게, 시간의 속성을 인지할 수 있을까?

② 측정할 속성들에 대한 적절한 단위나 도구를 선택하도록 놀이를 돕자.

③ 놀이가 끝난 후에는 속성에 따라 물체를 비교하여 순서를 지어보도록 발문하자.

넓이는 길이와 달라 이차원 공간의 면적을 유아가 측정한다는 것은 어렵지만, 주어진 두 넓이를 직접 비교하기를 통해 '넓다'와 '좁다'란 개념을 이해할 수 있다. 잠자리에 들 때 유아의 이불과 부모님의 이불, 어릴적 사용했던 영아용 이불과 현재 사용하는 이불의 넓이를 비교해보면 좋다. 침대인 경우, 싱글과 더블 등 크기별로 누워서 몸을 굴리면서 재미있게 비교해 볼 수도 있다. 또 형제끼리 손과 발을 마주대보거나, 옷을 비교하면서 '크다와 작다'의 개념을 알 수 있다.

넓이에 대한 개념을 좀 더 심화시키려면 책상, 거실 테이블, 식탁을 색종이 몇 장으로 빈틈없이 덮을 수 있는지 실험한다. 가정에서는 엄마랑 유치원에서는 친구들이랑 함께 해본다. 이 활동은 향후 타일링에 대한 수학적 기초개념도 형성되는 놀이이다.

가정에서는 거실용 카펫을 새로 구입할 때 엄마와 함께 거실 바닥의 면적을 재어 보는 활동을 하면 좋다. 이 때 넓이는 가로와 세로의 길이가 필요하다는 사실을 알게 된다.

4) 주변에서 반복되는 규칙을 찾는다.

(1) 규칙을 찾아라

유아에게 밤에는 잠을 자고, 아침에 일어나서 세수하고 아침밥을 먹고, 유치원에 가서 활동을 하고, 집에 돌아와서 밤이 되면 잠자는 반복적인 일상적 활동이 규칙적임을 알도록 한다.

생활 속에서는 횡단보도 신호등의 빨간불, 파란불, 초록불의 변화에도 규칙이 있고, 집의 벽지 무늬도 자세히 들려다보면 규칙적임을 알 수 있다. 주방과 욕실의 타일 역시 똑같은 무늬가 반복되는 규칙이 있다. 이처럼 반복되는 것을 패턴이라 하는데, 패턴활동은 무늬뿐만 아니라 유아들의 율동과 노래, 신체활동으로도 표현할 수 있다.

유치원에서 패턴활동으로는 시각적 패턴뿐만 아니라 게임을 하면서 지켜야 할 규칙도 이해하면서 발 구르기, 박수치기, 규칙(순서)에 맞도록 유아들이 돌아가면서 이름 부르기 등도 재미있는 활동이 된다.

유아들이 바깥에서 놀이를 할 때 규칙을 지켜야 하는 것은, 안전하게 놀기 위해 또 친구들이 상처받지 않도록 서로가 배려하기 위한 것이 규칙이므로 사회성 교육이 되도록 한다.

(2) 꼬치와 모빌 만들기

'패턴'은 사물의 모양이나 양상이 일정한 규칙성을 가지고 반복되는 형태를 말한다. 유아는 일상생활 속에서 동작, 소리, 색 등에 나타나는 규칙성과 반복을 관찰하면서 패턴을 인식하고 따라 하기, 패턴 이어가기 등 비교적 쉬운 활동을 먼저 이해해야 한다. 그리고 제시된 패턴이 중간부분이 비워져 있을 때 알맞게 끼워 넣는 패턴 끼워 넣기 활동으로 이어져야 한다.

패턴을 배울 때는 여러 유형을 다양하게, 신체를 이용하는 운동적 패턴, 소리를 이용하는 청각적 패턴, 물건이나 그림을 이용하는 시각적 패턴, 여러 기호와 글자를 사용한 상징적 패턴을 골고루 경험하도록 한다.

어른들은 어렸을 때 성탄절에 알록달록 색종이 고리를 만들어서 트리에 걸거나 창틀에 매달아 본 경험들이 있다. 자, 여기서 한걸음 나아가자. 색종이를 오린 후에 색과 무늬가 있는 것을 규칙을 정하여 이어주면 훌륭한 패턴공부가 되는 것이다. 또 모빌을 아이들과 만들기 놀이를 하면 좋다. 실이나 낚시 줄에 도형을 예쁘게 오려서 규칙에 맞게 만들면 아이들 침대 머리맡에 달 수 있는 모빌이 되고, 소리 나는 딸랑이를 첨가하여 베란다에 매달면 풍경소리의 역할도 하는 놀이가 된다.

만 3세 유아는 2마디 패턴, 4세는 3마디, 5세는 4마디 패턴으로 확장하면 좋다. 가령 3마디 패턴은 AABAAB 또는 ABBABB로 반복하는 것이다. 색종이의 경우라면 빨빨파 또는 노파파의 순으로 색상을 반복하는 것이다.

패턴을 색이나 도형으로만 인식하지 말고 아이들이 신나게 하는 놀이로는 <꼬치 만들기>가 있다. 예를 들어, 어묵과 소시지, 메추리알을 준비했다면 각자 꼬치에 4개의 모양을 정하여 4마디를 두 번 반복하여 꼬치에 꽂도록 한다. 꼬치는 겨울에는 어묵이 좋지만 여름에는 과일도 좋고 얼마든지 요리 활동으로 확장할 수 있는 아이템이다.

5) 일상에서 모든 자료를 기준에 따라 분류한다.

(1) 끼리끼리 따로따로

'수'란 집합의 크기이고, 집합 만들기를 하는 활동이 바로 모둠을 만드는 것이다. 모둠을 만들 때 유아가 사물의 특징을 분별하는 눈을 가지려면 시각적 집중력을 길러야 한다. 가장 기초적인 개념은 먹을 수 있는 것인지, 아닌지, 먹을 수 없는 것이라면 공책이나 스케치 북에 그리거나 쓸 수 있는 것이지, 아닌지, 먹을 수 없는 것 중에서 신발 같은 몸에 착용할 수 있는 것인지, 아닌지를 변별할 수 있도록 한다.

유아들의 친숙한 물건으로 주방에 있는 숟가락과 포크, 주방용 집게, 신발장에 있는 운동화, 장화, 샌들, 냉장고에 있는 사과, 배, 감, 딸기, 목욕실에 있는 치약, 칫솔, 비누, 샴푸, 책상에 놓아야 할 공책, 크레파스, 연필, 창고에 넣는 톱, 못 등의 물건이 마구 섞여있을 때 분류하는 힘을 기름과 동시에 정리 정돈하는 기본생활 습관이 길러지도록 놀이를 할 수 있다. 그림책으로는 바다의 물고기와 육지의 동물을 분류하도록 한다.

유치원에서는 간식시간에는 과자 4개 중에서 1개만 모양이 다른 것, 5개 중에서 1개만 성질이 다른 것, 5개 중에서 3개와 2개로 분류되는 것, 6개 중에서 3개와 3개로 분류되는 것 등으로 분류되는 놀이를 함께 해보는 것이 좋다.

(2) 끼리끼리 모아모아: 어떤 속성으로 분류

분류하기는 논리적 사고의 기초기능으로 유아가 세상을 살아가는 데 필요한 적응능력이다. 어린 영아에게서 자발적인 행동으로 관찰되지만, 3세경이 되면 사물의 유사점과 차이점을 근거로 분류하기 시작하고, 4, 5세경이 되면 사물의 관계성에 기초한 진정한 의미의 분류가 가능해진다.

연구결과에 의하면 5, 6세가 되면 색깔, 모양, 크기의 한 가지 기준을 적용하여 분류를 하게 되고, 분류기준으로 색깔과 모양을 먼저 선택하고 크기는 나중에 나타난다. 이처럼 크기나 모양, 색깔과 같은 한 가지 속성에 따라 사물을 분류하는 것이 '단순분류'이다. 분류를 시작하는 5세경이 되면 다양한 사물을 관찰하고 스스로 분류해 볼 수 있도록 상황을 제시해 주는 것이 좋다. 분류능력은 논리적 사고의 기초 기능이며, 수학적 사고의 기초가 되기 때문이다.

논리수학 지능과 자연탐구 지능을 함께 발달시키는 놀이도 할 수 있다. 예를 들면, 유치원에서 간식시간에 다양한 모양과 색상의 과자와 사탕, 치즈, 초콜릿 등을 섞어놓는다. 아이들이 좋아하는 어떤 기준으로 분류하여 각자 접시에 나누어 담는다. 그 다음에 접시에 담은 것이 몇 개인지 각각 수를 세어보고 나서, 어느 접시를 선택하여 먹을 것인지 결정하도록 한다. 그러면 분류하기와 수세기, 수의 비교가 동시에 일어나는 활동을 한 것이다.

산책하거나 소풍을 갔을 때는 땅바닥에서 줍는 나뭇잎, 솔방울, 꽃잎 등 자연물을 어떤 기준을 잡아서 분류해보도록 한다. 자연물은 세모, 네모, 동그라미의 교구처럼 똑같이 생긴 것이 없기에 분류가 애매모호할 수도 있다. 그러나 분류 기준이 애매모호한 것이 오히려 여러 번 분류할 수 있는 다양한 기준을 가능하게도 한다. 이러한 활동은 다중 지능이론의 가드너 박사가 말하는 '논리수학' 지능과 '자연탐구' 지능을 함께 발달시키는 것이다.

생각할 문제

① 유아에게 가장 적합한 교수-학습방법에 대한 자신의 견해를 나누어보자.

② 유아의 수학개념 및 지식을 습득하고 이를 지원할 수 있는 교사의 역할에 대한 의견을 나누어보자.

③ 조선시대 교수–학습 방법과 놀이에 대한 학습을 토대로 전통놀이를 통한 수학개념 및 지식 습득하고 경험할 수 있는 사례들을 토의하고 실현해 보자.

Chapter 06 유아수학교육을 위한 환경

1. 수학영역의 구성
2. 수학영역의 교수 – 학습자료

학습목표

- 유아가 다양한 수학적 활동을 경험할 수 있는 적절한 환경구성에 대해 알고 유아의 수학적 지식 구성을 지원하는 교수-학습자료를 적용한다.

학습내용

유아의 수학적 탐색과 활동을 지원할 수 있는 물리적·인적 환경과 유아교육기관의 공간 및 유아의 수학적 탐색과 다양한 경험을 지원할 수 있는 교수-학습 자료를 고찰한다.

유아는 자신 주위의 모든 환경과의 상호작용을 하며 수학개념을 습득한다. 유아의 수학교육을 위한 환경은 크게 인적 환경과 물리적 환경으로 나눌 수 있다. 인적환경은 교사와 부모 등 성인의 역할과 또래로 구성되는 심리적 환경을 의미하며, 물리적 환경은 건물·설비, 교수자료 등의 물리적 요소를 포함하는 환경을 의미한다(서현아 외, 2014).

환경구성이란 유아가 다양한 활동을 경험하고 자극받을 수 있도록 하는 외적 요소인 물리적 조건을 제공하는 것을 망라한다. 유아교육기관은 유아가 호기심에 가득 차서 열심히 활동에 참여할 수 있도록 활기 넘치는 분위기를 조성하여 생각하고 탐색할 수 있는 환경을 구성해야 한다.

1 수학영역의 구성

활동영역의 구성 시 고려할 사항은 크게 정적인지 동적인지를 염두해 두고 영역 배치를 해야 한다.

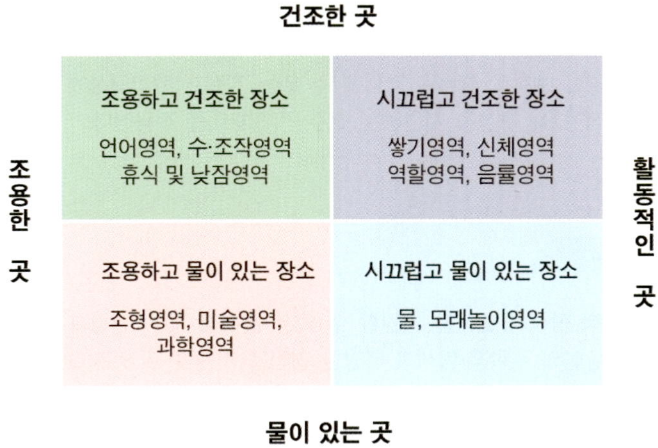

그림 6-1 환경구성배치도

교사는 수학영역이 유아의 호기심을 자극하고, 수학적 문제해결의 과정에 몰입할 수 있는 장소가 되도록 하기 위하여 고려할 사항(Decker & Decker, 2001)들을 제시하였는데, 이에 따라 수학영역의 일반적인 구성원리를 정리하면 다음과 같다.

첫째, 수학영역을 위한 충분한 공간 확보가 필요하다. 수학영역에는 유아가 선택한 자료나 활동을 혼자 또는 다른 유아들과 함께 할 수 있는 충분한 바닥 공간과 책상, 교구들을 정리할 수 있는 교구장이 배치되는 것이 좋다. 공간이 부족할 경우 과학 영역이나 조작영역과 통합하여 구성할 수 있다. 유아들의 수학활동을 결과나 도표, 그래프, 구성물을 전시할 수 있는 공간도 확보하는 것이 바람직하다.

실내 활동 공간뿐 아니라 실외 활동에서도 수학교육내용에 따른 다양한 환경이 구성될 수 있도록 해야 한다.

둘째, 유아의 논리적 사고의 발달을 위한 여러 가지 수학적 지식을 탐색할 수 있도록 유아의 수준에 적합한 다양한 자료를 준비한다. 이러한 자료들은 생활주제와 계절 등에 따라 수시로 재구성하거나 추가되어져야 한다. 또한 수업 후 자료들의 상태를 파악하여 손상여부나 결손 여부에 맞게 교체 또는 보수해야 한다.

셋째, 유아가 자신의 흥미와 수준에 따라 적합한 활동을 자발적이며 능동적으로 선택할 수 있도록 다양하고 흥미로운 수준별 활동을 제시해야 한다.

넷째, 수학영역은 언어, 조작영역과 같이 조용한 영역과 인접할 수 있도록 하고, 수학영역이 다른 영역 활동의 방해를 받지 않도록 칸막이나 교구장으로 분리해주는 것이 좋다.

그림 6-2 수학영역활동에 적합한 실내공간

출처: 부산시 M유치원(2015), J어린이집(2015).

2 수학영역의 교수-학습자료

수학교육 자료는 학습할 내용을 통제하며 학습환경을 조성함으로써 유아가 수학적 지식을 구성하는 데 직접적인 영향을 미친다. 그러므로 교사는 수학교육 자료의 중요성을 인식하고, 유아들이 수학에 관심을 갖고 이전의 경험을 포괄적을 활용할 수 있는 다양한 교수·학습자료를 제공해야 한다.

한유미(2013)는 수학교육자료를 선택하고 제공할 때 고려해야 할 사항들을 다음과 같이 제시하고 있다.

첫째, 학습하고자 하는 수학적 개념이 무엇인가 생각해야 한다. 각각의 수학적 개념마다 적합한 자료가 있으며, 이를 적절히 활용해야 한다.

둘째, 유아의 발달 특성 및 사전 경험을 고려하여 자료의 구체성 정도를 결정해야 한다. 처음에는 구체적인 자료를 먼저 제시하고, 차츰 추상적인 자료를 제공해야 한다.

셋째, 일상생활용품과 상업용품, 자연물 중에서 교수 목적에 맞는 자료를 선택할 것인지, 직접 제작할 것인지를 결정해야 한다.

1) 일상생활용품

유아가 가정이나 유아교육기관에서 흔히 사용하는 유아 주변의 일상생활용품이나 재활용품 중에서도 수학자료로 활용할 수 있는 것들이 많이 있다. 유아들은 이런 친숙한 자료들로부터 친근감을 느끼고 수학학습에 더욱 흥미를 가질 수 있음을 고려하여 일상생활자료들을 적절히 활용해야 한다. 그러므로 유아교육기관에서는 평소에 재활용품을 효과적으로 보관하거나 기증하는 데 관심을 가져야 한다.

예) 달력, 체중계, 구슬, 나무 젓가락, 단추, 바둑 알, 과자 상자, 리본 테이프, 계란 판, 다양한 컵, 그릇, 고무줄, 병 뚜껑, 요구르트 병, 휴지심 등

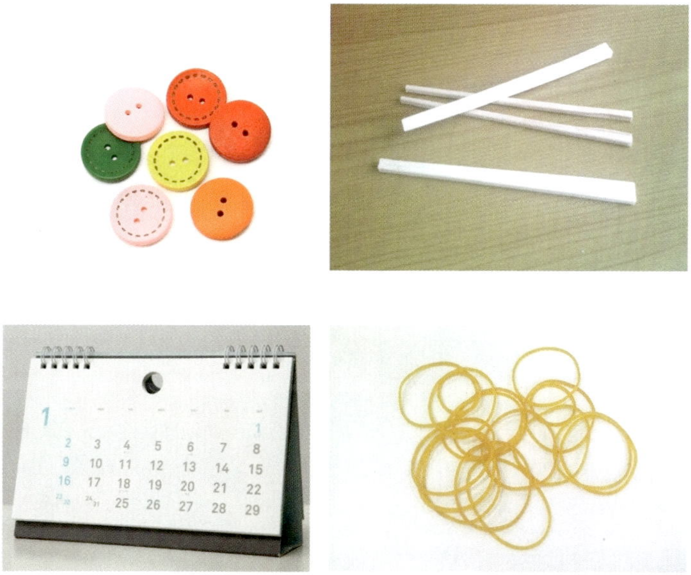

그림 6-3 일상생활용품

2) 상업용품

산업발달로 인해 물품들이 풍부해지고 정보화로 인해 상업용품들은 빠르게 확산되어 유아 수학교육을 위한 목적을 가지고 개발, 판매되는 상업용 자료들은 매우 다양하다. 상업화된 자료들은 제작 시간이 들지 않으며 편리하다는 장점을 가지고 있지만, 가격이 비싼 단점이 있어 각기 상이한 가격에 가능한 예산 안에서 경제적으로 구매하는 계획성이 요구된다. 이러한 상업용품에 대한 정보를 파악하기 위해 유아교육용품 관련 자료들을 정기적으로 관심있게 체크해 볼 필요가 있으며 유아교재 교구 박람회 등을 방문해 보는 것도 바람직하다.

예) 모래시계, 각종 자, 시계, 블록, 퍼즐, 계량컵, 계산기, 양팔저울, 몬테소리 수 교구, 은물 교구, 컴퓨터, 수학 동화 등 등

그림 6-4 상업용품

출처: 부산시 M유치원 · J어린이집 · Y유치원(2015).

3) 자연물

누리과정에서 실외 자유선택활동을 최소 1시간 이상 구성하도록 하고 있으며, 최근 유아교육의 동향이 생태와 숲 등 자연과의 상호작용을 지향하고 있다. 유아교육기관에서는 산책이나 실외활동 등의 교육과정을 구성하고 있으며, 자연물을 활용한 활동들도 구성하고 있다. 자연물이란 인위에 의하지 않고 존재하고 있는 천연 그대로의 사물을 말하며 유아는 자연 속에서 매우 많은 수학적 자료들을 발견하고 수학적 경험을 할 수 있다.

예) 흙, 돌, 물, 나뭇잎, 솔방울, 나무, 과일, 채소

그림 6-5 자연물

출처: https://pixabay.com/, http://www.ecowise.kr/, http://images.forwallpaper.com/

4) 교사 제작 교구

최근 유아교육기관에서 상업용으로 제작판매되는 교구를 활용하는 경우가 증가하고 있지만, 여전히 교사가 교구를 제작해야 하는 경우도 많다.

교사는 특정 교육 주제 또는 흥미로운 수업을 하기 위해 교수-학습자료를 직접 제작한다. 이는 계획한 교육 목적을 효과적으로 달성할 수 있으며, 보다 경제적이지만 제작시간이 소요되므로 교사의 효율적 시간 배분에 어려움이 따를 수 있다. 또 견고성이나 안정성이 부족할 수 도 있으며 교사의 창의성이 요구되므로 교사가 부담스러워 할 수도 있다. 그러

므로 수학 교수자료를 직접 제작하는 경우 다음 사항을 고려해야 한다.

첫째, 교구 제작 시 경제성을 고려해야 한다. 제작에 소요되는 시간과 비용, 사용기간 등을 살펴봐야 한다.

둘째, 교구 사용 시 활용성을 고려해야 한다. 만드는 방법이 어렵지는 않은지, 유아들이 사용하기에 적절한지 사용방법이 어렵지는 않은지 등을 살펴보아야 한다.

셋째, 교구 사용 시 안정성을 고려해야 한다. 유아들이 사용하기에 적절한 재료인지, 사용 시 위험한 요소는 없는지 등을 고려해야 한다.

예) 그래프, 주사위, 돌림판, 앞치마, 동화, 조각 케익, 숫자 애벌레, 퍼즐

그림 6-6 교사제작교구

출처: 부산시 Y유치원·J어린이집(2015).

생각할 문제

① 유아의 수학적 탐색 및 경험을 위한 유아교육기관의 환경구성의 원리에 대해 의견을 나누어보자.

② 유아의 수학적 지식 구성을 지원하는 다양한 교수-학습 자료에 대해 의견을 나누고 적용해 보자.

Chapter

07 유아수학교육의 평가

1. 평가목적
2. 평가방법

학습목표

유아수학교육의 평가의 필요성과 목적을 이해하고 평가방법에 대해 고찰한다.

학습내용

유아수학교육 평가목적을 이해하고 다양한 평가방법을 비교하여 장단점을 인지해 현장에 활용할 수 있도록 한다.

유아교육과정 및 프로그램의 적절성과 교수-학습과정에서 획득된 성취의 정도를 알아보기 위해 유아, 교사, 프로그램, 환경 등을 대상으로 이루어지는 평가는 꼭 필요한 부분이다. 유아를 위한 평가는 현재 진행되는 교육과정과 관련되어야 하고, 유아가 이해하고 학습한 것뿐만 아니라 실제 수행할 수 있는가에 대한 정보를 주어야 한다(NAEYC, 1991).

유아수학교육에서의 평가는 이미 전개된 수학활동의 효과를 측정하는 것으로, 수학교육을 계획하고 실행하는 것에서부터 실제 수학교육을 진행한 전 과정이 유아의 발달적 목표에 기여한 정도를 알아보는 것이다(이경우, 1998).

유아수학교육의 계획을 세우기 전에 교사는 유아의 발달수준을 정확히 평가하고, 수업을 진행하는 과정에서도 유아들의 수학활동 전반을 관찰하여 교수법의 적절성을 평가함으로써 수업방법을 개선하고 다음 수업활동을 계획할 때 반영해야 한다.

1 평가목적

유아수학교육의 평가목적은 교수와 학습을 연결하는 데 도움이 된다. 유아의 성취 정도를 평가함으로 목표도달 수준을 파악하고, 이러한 성취 평가를 토대로 교사는 자신의 교수–학습활동을 평가하여 더 나은 교수–학습활동을 계획할 수 있다.

또한 NCTM(2000)은 구체적인 유아수학교육의 평가목적을 다음의 네 가지로 제시하고 있다.

첫째, 교사가 유아의 학습정도를 파악하여 적절한 수준의 목표를 설정하고 유아의 특성과 발달을 이해하는 데 있다. 둘째, 유아의 이해수준을 파악해 교사가 다음 교수–학습활동계획에 반영하여 유아의 필요를 채워 주고 학습을 조력하는 데 있다. 셋째, 구체적인 간격으로 증거수집, 요약, 보고를 통해 유아의 성취정도를 파악하는 데 있다. 넷째, 모든 유아가 제대로 학습하고 있는지에 관한 증거를 수집하여 프로그램의 적절성을 평가하는 데 있다.

즉, 유아수학교육 평가의 목적은 유아의 수학적 개념, 기술, 태도의 발달수준을 평가하고, 수학교육 프로그램의 적절성을 평가하여 유아의 발달에 적합한 학습경험을 제공하여 유아의 수학학습을 향상시키는 데 있다.

2 평가방법

유아수학교육의 평가는 활동을 실시하는 전후는 물론 활동이 진행되는 과정 중에 지속적으로 이루어지는데, 유아수학교육의 목표, 내용, 방법이 잘 이루어졌는지 알아보기 위해 다양한 평가방법이 사용된다. 일반적인 유아수학평가의 방법은 면담법, 관찰법, 표준화 검사법, 포트폴리오 평가가 있다.

1) 면담법

면담은 교사가 유아와 상호작용을 통해 여러 가지 자료를 수집하는 방법으로, 유아가 알고 있는 수학지식과 내용에 대해 자연스러운 상황과 계획된 상황 속에서 직접적으로 질문을 하여 결과를 얻는다. 면담법의 장점은 관찰만으로 얻기 어려운 상세한 정보를 얻을 수 있으나, 유아의 인지·언어발달에 따라 교사의 질문을 이해하지 못하거나 표현이 서툴러 유아가 대답을 못하여 정확한 정보를 얻지 못할 수 있다.

2) 관찰법

교사는 자연적인 상태에서의 일상적인 유아들의 활동을 관찰하여 그 결과를 유아수학교육에 반영할 수 있다. 일상생활에서 나타나는 자연스러운 행동을 기록하는 관찰방법은 교수–학습과정의 일부분으로 실제 '평가'로 인식되지 않는 경우도 있으나, 언어능력이 부족한 유아가 인위적인 테스트 상황에서 자신의 능력을 발휘하기가 힘들어 평가할 수 없는 단점을 극복하여 유아의 발달수준을 사실적으로 볼 수 있다. 자연스럽게 유아가 가진 수학적 지식과 능력을 적용하는 모습들을 적절히 평가할 수 있는 장점이 있는 것이다.

유아수학교육과 관련하여 교사가 현장에서 많이 사용하는 관찰방법은 일화기록, 체크리스트, 평정척도 등의 방법이 있다.

(1) 일화기록

일화기록은 가장 기본적인 관찰방법이며, 현장에서 가장 많이 사용되고 있다. 유아의 일상생활에서 일어난 일에 대해 사건이나 행동을 중심으로 구체적인 행동사례를 사실적으로 상세히 기록하는 방법이다. 특히 수학활동 중에 일어나는 의미 있는 특정 행동이나 상황에 맞추어 기록하는 것이다. 이 때, 관찰한 행동이 일어난 시기, 장소, 상황, 유아의 발현 언어 등을 객관적이며 사실적으로 기록해야 한다. 유아들의 모든 상황을 자세히 기록하는 데는 한계가 있으므로 사건의 핵심과 중요한 대화, 주변 상황적 맥락 등을 기록해 두었다가 일과 후 구체적으로 기록하는 것이 바람직하다. 또한 녹음이나, 관찰카메라를 이용하여 기록할 수도 있다. 일화기록의 장점은 유아의 수학적 성취 및 발달에 대한 다양한 결과를 수집할 수 있으며, 단점은 규준화된 방법이 없으므로 교사가 실제로 적용하는 데 어려움이 있다.

일화기록의 방법은 규준화되어 있지는 않지만 일지에 반드시 기록되어야 할 것들이 있다. 유아명, 관찰자, 관찰일자, 관찰장소, 수학적 행동 및 사건 또는 상황에 대한 요약, 유아의 발화내용과 행동에 대하여 구체적이고 간단명료하게 서술하여야 한다.

❖ 표 7-1 일화기록

유아	샛 별(여)	연령	만 4세(년 월 일)
관찰자	김하나	관찰일	2019년 12월 5일
관찰시간	09:45~09:50	관찰장소	쌓기영역
관찰한 내용	블록을 성 모양으로 쌓고 있는 샛별이에게 두리가 다가간다. 블록 주위를 돌다가 샛별에게 같이하자고 한다. 샛별이는 대답 없이 계속 블록을 쌓는다. 두리가 샛별에게 다가간다. "이거 뭐야?" 라고 묻는다. 샛별이는 "공주님 성이야"라고 대답한다. "나도 할 수 있는데..."라고 두리가 얘기하자 "그럼 넌 저 옆에서 해"라고 한다. "공주님 성 같이 하자"라고 두리가 얘기하자 "이렇게 동그랗게 이렇게 길게 해야 하는 데?"라도 이야기한다. 두리가 할 수 있다고 하자 샛별이가 직사각형 블록을 내밀며 "그럼 여기 이렇게 해"라며 옆으로 약간 이동해 세모난 블록으로 네모블록 위에 놓으며 "이거 잘 해야 돼"라고 한다.		
의견	블록을 쌓으며 놀이에 적극적인 샛별이가 친구와 협동하여 지속적으로 놀이하며 상호작용한다. 샛별은 도형과 친숙하며 도형개념 발달의 기초가 형성되어 있는 것으로 보인다.		

(2) 체크리스트

체크리스트 방법은 평가하고자 하는 내용을 사전에 목록으로 만들어 놓고 특정한 행동이나 사건을 관찰하여 체크하는 방법이다. 즉, 수학행동에 관해 유아가 보여줄 수 있는 행동이나 사건에 대한 목록을 미리 준비하고, 그 목록에 포함되는 사항을 관찰하여 표기하는 방법이다. 체크리스트의 장점은 '예', '아니요' 또는 간단한 표기로 기록하므로 관찰시간을 절약할 수 있고, 쉽게 사용할 수 있으나, 단점은 목록표에 있는 항목만을 평가하므로 수학행동의 출현빈도나 질적 수준에 대한 정보를 자세히 알 수가 없다. 따라서 자연발생적인 맥락과 행동의 이면을 간과할 수가 있다. 다음 표 7-2부터 표 7-4는 개인용 체크리스트와 집단용 체크리스트 양식이다.

❖ 표 7-2 개인용 체크리스트(1)

유아명: 관찰자: 관찰일시:

항목	예	아니요	비고
한 가지 준거(모양, 색깔 등)로 사물을 분류한다.	V		
두 가지 준거(파랗고 세모, 빨갛고 네모 등)로 사물을 분류한다.	V		
개념적 준거(장난감, 음식 등)로 분류한다.	V		
분류 준거를 스스로 만들어 분류한다.	V		
분류된 사물을 보고 분류준거를 알아낸다.		V	4월 20일

❖ 표 7-3 개인용 체크리스트(2)

유아명: 관찰자: 관찰일시:

항목	출현여부	세부내용
수의 이해	V	수를 순서에 맞게 10까지 말한다.
	V	사물의 이름과 수를 10까지 일대일 대응을 한다.
		10 이내의 두 수를 더할 수 있다.
	V	더해서 10이 되는 수를 계산한다.
	V	숫자를 10까지 쓸 수 있다.

❖ 표 7-4 공간개념에 대한 집단용 체크리스트

관찰항목: 공간관찰자: 관찰일시:

유아	위	아래	옆	사이	안	밖
강소정	V	V	V		V	V
김아라	V	V		V	V	V
박지민	V		V	V		V
손혜빈	V	V	V	V	V	
장미정	V	V	V		V	V

(3) 평정척도

평정척도는 유아의 행동 또는 특성의 정도를 몇 단계로 나누어 평가하는 방법으로서, 체크리스트의 제한점을 보완하였으며 3~7수준으로 구성된다. 평정척도의 장점은 체크리스트의 단점을 보완하여 행동의 출현 유무에 그치지 않고, 행동의 질이나 빈도에 대해 알 수 있는 것이고, 단점은 점수표기 시 중앙에 표시하거나, 관찰자에 따라 점수를 주는 정도가 달라서 오류에 빠지기 쉬우므로 매우 객관적인 자세가 요구된다.

❖ 표 7-5 평정척도검사

유아명: 관찰자: 관찰일자:

항목	1. 전혀 그렇지 않다	2. 약간 그렇지 않다	3. 보통 정도이다	4. 약간 그렇다	5. 매우 그렇다
사물의 모양에 관심을 가진다.				V	
평면도형의 이름을 말할 수 있다. (네모, 세모, 동그라미)					V
교실에서 평면도형을 찾을 수 있다.					V
같은 모양끼리 모을 수 있다.				V	

3) 표준화 검사법

표준화 검사는 일정 시간 내에 객관적인 절차를 통해 행동을 측정하는 평가 방법으로, 유아의 여러 능력을 정확하게 평가할 수 있다. 이는 유아수학능력의 측정을 목적으로 개발된 검사도구들과 지능검사나 학습 준비도 검사 중에서 수학과 관련된 영역을 선택하여 평가는 검사도구들이 있다. 먼저 수학능력을 측정하는 검사에는 유아그림 수학능력검사(황해익·최혜진, 2007), 유아수학능력검사(홍혜경·이경희·정정희, 2006), 수학활동중심의 유아수학능력 진단검사(김현정, 2006), 프로젝트 스펙트럼중심 유아용 논리·수학적 지능평가도구(박혜선, 2005), NCTM의 수학교육 내용기준에 근거한 유아수학능력 평가도구(김지영, 2005), 게임을 통한 유아수학교육 평가도구(김소향, 2004) 등이 있다.

표준화검사의 지능검사나 학습준비도 검사의 해당 문항들을 이용하면 유아의 수학적 지식을 평가할 수 있다. 표준화 검사는 평가도구, 실시절차, 채점 및 해석방법 등이 일정하게 표준화되어 있어 언제 어디서나 똑같이 실시할 수 있으므로, 지역적·전국적으로 비교가 가능하다. 그러므로 표준화 검사를 사용하여 유아의 취약한 수학개념, 유아의 수학능력 발달 수준을 비교 및 분석할 수 있다.

❖ 표 7-6 수학적 개념의 측정이 가능한 표준화 검사

검사도구	개발자(제작연도)	대상 연령	수학 관련 평가 영역 및 내용
KISC 유아지능검사	한국행동과학연구소 (1993)	3세 6개월~ 6세 6개월	지각력, 수리력, 사고력
K-ABC	문수백, 변창진 (1997)	2세 6개월~ 12세 5개월	마법의 창, 그림 통합, 삼각형, 시각유추, 위치 기억, 사진 순서, 산수
기초학습 기능검사	박경숙, 윤점룡, 박효정 (1989)	만 5~12세	정보처리(관찰, 조직, 관계 짓기), 셈하기(기초적 수 개념, 덧셈, 뺄셈, 나눗셈, 분수, 소수, 퍼센트)
표준화 피아제식 유아용 지능검사 (A, B, C형)	전윤식, 임재택(1982)	만 4~7세	•A, B형: 2차원 공간개념, 수 개념, 물질량 개념, 연속량 개념, 무게 개념, 불연속량 개념 •C형: 면적개념, 길이개념

출처: 황해익·최해진(2007).

4) 포트폴리오 평가

포트폴리오 평가란 수집된 자료들을 토대로 교사와 같은 전문가가 유아의 능력을 평가하여 교육활동에 도움을 주는 것이다. 유아는 일과 활동을 하면서 여러 가지 활동의 결과물을 남기게 되는데, 이러한 결과물인 작품들을 수집하여 평가자료로 활용할 수 있다.

포트폴리오 평가는 누리과정의 신체·건강, 의사소통, 사회생활, 예술경험, 자연탐구의 전 영역에서 활용할 수 있고, 통합적 접근 등 다양한 방법으로 적절하게 활용할 수 있다. 포트폴리오 평가의 장점은 자연스러운 상황에서 평가가 가능하며, 다양한 평가도구의 활용이 가능하다. 반면 단점은 개별화된 평가방법이므로 모든 유아와 기관에 동일하게 적용될 수 있는 정형화된 평가절차를 제시하기 어렵다.

이처럼 포트폴리오 평가가 유아의 학습에 평가의 도구로서 적절하게 활용되기 위해서는 다음과 같은 사항에 유의해야 한다. 첫째, 유아의 의견이 반영된 결과물을 수집하되, 반드시 평가의 목적이 있어야 한다. 교사가 유아 개별의 생각과 의문이 드러난 활동의 결과물을 수집하고, 각 개별의 유아를 관찰하여 상호작용하므로 유아의 내재된 정보를 파악해야 한다. 둘째, 구체적이며 명백한 평가 기준이 있어야 한다.

생각할 문제

① 여러 평가방법 중 내가 선호하는 평가방법은 무엇인지 그 이유를 생각해보자.

② 제시한 평가방법 외에 유아수학교육을 평가하는 다른 방안에 대한 의견을 나누어보자.

Chapter 08 「2019 개정 누리과정」의 이해

1. 「2019 개정 누리과정」 개정의 배경 및 방향
2. 「2019 개정 누리과정」의 개정 특성
3. 「2019 개정 누리과정」의 구성체계
4. 「2019 개정 누리과정」의 성격
5. 「2019 개정 누리과정」의 구성방향
6. 「2019 개정 누리과정」의 운영

1 「2019 개정 누리과정」 개정의 배경 및 방향

누리과정은 처음 유보통합을 위한 정부정책의 방향성에 의해 제정되었다. 이에 유치원 교육과정과 어린이집 3~5세 표준보육과정을 통합하여 두 기관 모두에 적용하려는 의도를 지니었다. 즉, 3~5세 연령별 누리과정은 생애초기의 공정한 출발을 보장하고 3~5세 보육과 유아교육의 질을 향상시키며 학비 경감 등의 성과를 가져왔다고 평가되며, 2013년 적용 이래 현재까지 우리나라 3~5세 유아를 위한 국가수준의 공통과정으로 기능해왔다.

그러나 현장에 적용하다보니, 교육과정으로서의 구성체계 보완이 필요하며 연령별 교육내용이 너무 많아 현장 실행성이 떨어지고 교사지도서의 내용이 획일적임이 제기되었다. 또한 만 3~5세 연령별 누리과정이 제정되는 과정에서 누락된 누리과정의 성격과 인간상 등의 내용을 보완하여 국가수준 교육과정으로서 보다 완성된 체계를 갖출 것을 제안하였다.

이러한 시기에 문재인 정부가 출범하게 되었고 2017년 7월 국정 5개년 계획을 발표하였다. 본 계획에서 국정과제 50번에 '교실혁명을 통한 공교육 혁신'을 명시하였으며 세부과제 중 '학생중심의 교육과정 개편'을 제시하고 있다. 더불어 학생중심의 교육과정 개편을 위해 '유아와 초등학생의 적정학습시간 및 휴식시간 보장 법제화'를 제안했다.

문재인 정부 국정 5개년 계획

2017.07.

- 국정과제 50번 '교실혁명을 통한 공교육 혁신'을 명시함
- 세부과제 중 하나로 학생중심의 교육과정 개편을 제시함
- 학생중심의 교육과정 개편을 위해 '유아와 초등학생의 적정 학습시간 및 휴식시간 보장 법제화' 내용이 제안됨

교육부 유아교육 혁신방안

2017.12.

- 출발선 평등 실현을 위해 '유아교육 혁신 방안'을 발표함
- 주요 내용 중 하나로 '유아가 중심이 되고 놀이가 살아나는 유아중심·놀이중심의 교육과정 혁신'이 명시됨

그림 8-1 「2019 개정 누리과정」 개정의 배경

이에 교육부는 2017년 12월 국정과제 구현과 출발선 평등실현을 위해 '유아가 중심이 되고 놀이가 살아나는 유아중심, 놀이중심의 교육과정 혁신'이 명시된 '유아교육 혁신방안'을 발표하기에 이르렀으며 개정 누리과정의 기본 방향이 되었다. 유아교육 혁신방안에서 제시하고 있는 '개별 유아의 다양한 특성 고려'는 '유아중심', '유아의 자유놀이 권장'은 '놀이중심', '현장의 자율성 확대'는 '교사의 자율권 강화'로 「2019 개정 누리과정」의 기본 방향이 되었다.

그림 8-2 「2019 개정 누리과정」 개정 방향

누리과정은 개정 방향 설정 시 다음과 같은 국제 동향을 고려하였다.

1) UN 아동권리협약

UN 아동권리협약에서는 아동의 권리를 생존, 보호, 발달, 참여의 권리로 정리하고 있으며, 생존과 보호의 권리는 기본적인 삶을 위한 것이므로 그동안 유아교육에서 발달에 초점을 맞추어 왔다. 이제는 '자신의 생활에 영향을 주는 일에 대해 의견을 말하고 존중 받을 권리'인 유아의 참여 권리에 주목하는 국제동향을 고려해 이를 유아교육에 적용하여 유아들이 유치원이나 어린이집에서 놀이할 때 자신의 의사를 자유롭게 표현하고, 교사는 유아들의 목소리에 귀를 기울여 유아들이 주도적으로 놀 수 있도록 지원해야 함을 강조한다.

2) UN 지속가능발전 목표

UN에서 제시하고 있는 17가지의 지속가능발전 목표 중 4번째가 '교육의 질'에 관한 것이다. 이에 현 정부는 '포용'과 '양질의 교육'을 언급하며 '질 높은 유아교육에의 동등한 접근성'을 목표로 하였다. 이를 확인하기 위한 성과지표 중 첫 번째 지표는 건강, 학습, 이외에 '사회심리적 안녕'도 제시하고 있으며 「2019 개정 누리과정」은 유아의 사회심리적 안녕도 고려하여 유아중심, 놀이중심으로 개정되었다.

3) OECD 교육 2030 학습 개념틀

OECD에서는 급변하는 사회에 필요한 인재양성을 위해 기존의 방식에서 벗어난 새로운 학습방법을 적용해야 한다고 주장한다. 이러한 학습의 개념틀에 의하면 지식, 기능, 태도와 가치가 내재된 역량은 배움의 목적이 아니라 수단이며 배움의 궁극적인 목적은 개인과 사회의 안녕이다.

이를 유아교육에 적용하여 유치원과 어린이집에서 유아가 주도적으로 놀이하며 배우는 것을 중시해야 하며 주변에서는 이를 지원하기 위해 협력해야 하는 것이다.

2 「2019 개정 누리과정」의 개정 특성

1) 누리과정의 성격을 공통의 교육과정으로 명시

「2019 개정 누리과정」의 가장 큰 노력 중 하나는 누리과정의 성격에서 누리과정을 '국가수준의 공통 교육과정'으로 명시한 부분이다. 그 동안 유치원에서는 교육과정, 어린이집에서는 보육과정으로 명명됨으로 비롯된 현장의 혼란을 최소화하고 유아들에게 '양질의 교육과정'을 제공하여 현 정부의 정책방향인 경험의 격차 완화 노력이 보다 명시적으로 이루어질 것으로 기대되고 있다.

2) 교육과정 구성체계 확립

「2019 개정 누리과정」의 두 번째 특성은 '교육과정 구성체계의 확립'이다. 이를 위해 그 동안 누락되었던 '누리과정의 성격'과 '추구하는 인간상'을 신설하여 초·중등 교육과정의 미래지향적인 인간을 길러내기 위한 핵심역량을 반영하고 있는 인간상과의 연계성을 고려하였다.

3) 기존 구성체계 유지 및 5개 영역 내용 간략화

「2019 개정 누리과정」이 현장에서 안정적으로 실행될 수 있도록 기존의 3-5세 연령별 누리과정의 구성체계를 가능한 유지하고자 신체운동·건강, 의사소통, 사회관계, 예술경험, 자연탐구의 5개 영역의 명칭을 유지하였다. 그러나 내용에서는 영역별 내용범주를 3개로 조정하고 기존의 내용과 세부내용을 통합하여 59개의 전체내용으로 포괄적으로 간략화하여 제시하였다.

4) 유아중심·놀이중심 추구

「2019 개정 누리과정」은 유아교육의 기본 정신인 '놀이'를 중심으로 유아들의 배움을 지원하는 유아·놀이중심 교육과정을 재정립하기 위해 '놀이'를 강조하고 '놀이시간을 충분히 편성'할 것을 고시하였다. 이는 정부의 교육혁신 방향에서 강조하는 놀이와 쉼, 학습자를 중심으로 하는 교육의 방향을 일관성 있게 추진하고자 하는 것이다.

5) 누리과정 실행력과 현장의 자율성 강조

「2019 개정 누리과정」은 총론에서 유아·놀이중심의 교육과정을 자율적으로 실행하는 데 어려움을 주는 용어를 조정함으로써 최대한 교사의 자율권을 지원하고자 하였다. 5개 영역의 내용을 간략화하고 경험과 놀이를 강조함으로 현장교사가 교사용 지도서가 아닌 고시문을 통해 수월하게 교육과정을 실행하는 실행력 고취에 중점을 두었다.

6) 평가의 간략화

「2019 개정 누리과정」은 현장교사의 부담을 최소화하고자 구체적인 평가방법을 삭제하고 평가목적, 대상, 방법, 활용을 기본 원리로 하는 간략한 문구로 기술하였다. 이를 통해 유아에 대한 이해와 누리과정 운영 개선을 위한 현장중심의 자율적 평가가 실행될 수 있도록 지원한다.

3 「2019 개정 누리과정」의 구성체계

❖ 표 8-1 구성체계

3-5세 연령별 누리과정 구성체계	「2019 개정 누리과정」 구성체계	3-5세 연령별 누리과정 구성체계	「2019 개정 누리과정」 구성체계
제1장 누리과정의 총론 I. 구성방향 II. 목적과 목표 1. 목적 2. 목표 III. 편성과 운영 1. 편성 2. 운영 3. 교수·학습 4. 평가	누리과정의 성격(신설) 제1장 총론 I. 누리과정의 구성 방형 1. 추구하는 인간상(신설) 2. 목적과 목표 3. 구성의 중점 II. 누리과정의 운영 1. 편성·운영 2. 교수·학습 3. 평가	제2장 연령별 누리과정 제1절 3-5세 연령별 누리과정의 영역별 목표 I. 신체운동·건강 II. 의사소통 III. 사회관계 IV. 예술경험 V. 자연탐구 제2절 3-5세 연령별 누리과정의 영역별 내용 I. 3세 누리과정 1. 신체운동·건강 2. 의사소통 3. 사회관계 4. 예술경험 5. 자연탐구 II. 4세 누리과정 III. 5세 누리과정	제2장 영역별 목표 및 내용 I. 신체운동·건강 1. 목표 2. 내용 II. 의사소통 1. 목표 2. 내용 III. 사회관계 1. 목표 2. 내용 IV. 예술경험 1. 목표 2. 내용 V. 자연탐구 1. 목표 2. 내용

4 「2019 개정 누리과정」의 성격

누리과정의 성격(신설)

누리과정은 3-5세 유아를 위한 국가 수준의 공통 교육과정이다.

가. 국가 수준의 공통성과 지역, 기관 및 개인 수준의 다양성을 동시에 추구한다.
나. 유아의 전인적 발달과 행복을 추구한다.
다. 유아중심과 놀이중심을 추구한다.
라. 유아의 자율성과 창의성 신장을 추구한다.
마. 유아, 교사, 원장(감), 학부모 및 지역사회가 함께 실현해 가는 것을 추구한다.

그림 8-3 누리과정의 성격

5 「2019 개정 누리과정」의 구성방향

1) 추구하는 인간상

「2019 개정 누리과정」이 추구하는 인간상은 초등학교 교육과정이 추구하는 인간상과 연계하여 자주적인 사람, 창의적인 사람, 더불어 사는 사람은 같고 '교양 있는 사람'은 유아 수준에서 '감성이 풍부한 사람'으로 제시되었으며 유아기에 가장 중요한 '건강한 사람'을 신설하여 가장 처음에 제시하였다.

❖ 표 8-2 추구하는 인간상

2015 개정 초등학교 교육개정	「2019 개정 누리과정」
이러한 교육이념과 교육목적을 바탕으로, 이 교육과정이 추구하는 인간상은 다음과 같다. 가. 전인적 성장을 바탕으로 자아정체성을 확립하고 자신의 진로와 삶을 개척하는 자주적인 사람 나. 기초능력의 바탕 위에 다양한 발상과 도전으로 새로운 것을 창출하는 창의적인 사람 다. 문화적 소양과 다원적 가치에 대한 이해를 바탕으로 인류 문화를 향유하고 발전시키는 교양 있는 사람 라. 공동체 의식을 가지고 세계와 소통하는 민주 시민으로서의 배려와 나눔을 실현하는 더불어 사는 사람	누리과정이 추구하는 인간상은 다음과 같다. 가. 건강한 사람 나. 자주적인 사람 다. 창의적인 사람 라. 감성이 풍부한 사람 마. 더불어 사는 사람

2) 목적과 목표

「2019 개정 누리과정」은 목적에 '놀이를 통해'를 기술하며 다시 한 번 놀이를 강조하였고 기존 누리과정의 구성방향에 제시되었던 '바른 인성'을 목적으로 제시하였다. 목표에서는 추구하는 인간상과 연계된 목표를 통해 추구하는 인간상을 실현하고자 하였다.

❖ 표 8-3 목적과 목표 비교

3-5세 연령별 누리과정(2015)	「2019 개정 누리과정」
II. 목적과 목표 1. 목적 누리과정은 3-5세 유아의 심신의 건강과 조화로운 발달을 도와 민주시민의 기초를 형성하는 것을 목적으로 한다. 2. 목표 가. 기본 운동 능력과 건강하고 안전한 생활 습관을 기른다. 나. 일상생활에 필요한 의사소통 능력과 바른 언어사용 습관을 기른다. 다. 자신을 존중하고 다른 사람과 더불어 생활하는 능력과 태도를 기른다. 라. 아름다움에 관심을 가지고 예술 경험을 즐기며, 창의적으로 표현하는 능력을 기른다. 마. 호기심을 가지고 주변 세계를 탐구하며, 일상생활에서 수학적·과학적으로 생각하는 능력과 태도를 기른다.	2. 목적과 목표 누리과정의 유아가 놀이를 통해 심신의 건강과 조화로운 발달을 이루고 바른 인성과 민주시민의 기초를 형성하는 데 있다. 이를 실현하기 위한 목표는 다음과 같다. 가. 자신의 소중함을 알고 건강하고 안전한 생활 습관을 기른다. 나. 자신의 일을 스스로 해결하는 기초능력을 기른다. 다. 호기심과 탐구심을 가지고 상상력과 창의력을 기른다. 라. 일상에서 아름다움을 느끼고 문화적 감수성을 기른다. 마. 사람과 자연을 존중하고 배려하며 소통하는 태도를 기른다.

(3) 구성의 중점

구성의 중점은 교사가 해야 하는 것이 아닌 누리과정에 반영되어 있음을 의미하며 구성의 중점에서 가장 큰 변화는 '만 3~5세아의 발달의 특성을 고려하여 연령별로 구성'하던 것에서 '3~5세 유아가 경험해야 할 내용으로 구성'한 것이다.

❖ **표 8-4 구성의 중점 비교**

3-5세 연령별 누리과정(2015)	「2019 개정 누리과정」
I. 구성 방향 누리과정의 구성방향은 다음과 같다. 1. 질서, 배려, 협력 등 기본생활습관과 바른 인성을 기르는 데 중점을 두어 구성한다. 2. 자율성과 창의성을 기르는 데 중점을 두고, 전인발달을 이루도록 구성한다. 3. 사람과 자연을 존중하고, 우리 문화를 이해하는 데 중점을 두고 구성한다. 4. 만 3-5세아의 발달 특성을 고려하여 연령별로 구성한다. 5. 신체운동·건강, 의사소통, 사회관계, 예술경험, 자연탐구의 5개 영역을 중심으로 구성한다. 6. 초등학교 교육과정과 0-2세 표준보육과정의 연계성을 고려하여 구성한다.	3. 구성의 중점 누리과정 구성의 중점은 다음과 같다. 가. 3-5세 모든 유아에게 적용할 수 있도록 구성한다. 나. 추구하는 인간상 구현을 위한 지식, 기능, 태도 및 가치를 반영하여 구성한다. 다. 신체운동·건강, 의사소통, 사회관계, 예술경험, 자연탐구의 5개 영역을 중심으로 구성한다. 라. 3-5세 유아가 경험해야 할 내용으로 구성한다. 마. 0-2세 보육과정 및 초등학교 교육과정과의 연계성을 고려하여 구성한다.

6 「2019 개정 누리과정」의 운영

1) 편성·운영

「2019 개정 누리과정」에서는 기존과 달리 편성과 운영을 함께 기술하였다. 누리과정 실행 시 편성과 운영을 나누어 생각하기 어렵기 때문이다. 누리과정은 교육과정이며 학비지원이 되기에 시간기준이 필요하므로 '1일 4~5시간을 기준으로 편성한다'는 동일하나 '일과 운영에 따라 확장하여 편성할 수 있다'라고 기술하여 운영시간이 긴 어린이집에서도 운영할 수 있음을 나타내었다.

기존에 '연간, 월간, 주간, 일일 계획'을 명시하였던 것에서 '각 기관의 실정에 적합한 계획'으로 기술함으로 현장의 자율성을 지원하고, '놀이가 충분히 이루어지도록' 편성하여 운영해야 함을 강조하였다.

교사 스스로의 학습공동체 모임 등 교사 연수를 다양하게 지원하기 위해 '재교육'을 '연수'로 기술하였으며 차별 부분에서도 '장애'를 명시함으로써 장애 정도에 따른 운영과 함께 장애로 인해 차별받지 않도록 편성·운영해야 함을 강조하였다.

❖ 표 8-5 편성·운영 비교

3-5세 연령별 누리과정(2015)	「2019 개정 누리과정」
III. 편성과 운영 1. 편성 가. 1일 4-5시간을 기준으로 편성한다. 나. 5개 영역의 내용을 균형있게 통합적으로 편성한다. 다. 유아의 발달 특성 및 경험을 고려하여 놀이를 중심으로 편성한다. 라. 반(학급) 특성에 따라 융통성 있게 편성한다. 마. 성별, 종교, 신체적 특성, 가족 및 민족 배경 등으로 인한 편견이 없도록 편성한다. 바. 일과 운영 시간에 따라 심화 확장할 수 있도록 편성한다. 2. 편성 가. 연간, 월간, 주간, 일일 계획에 의거하여 운영한다. 나. 실내외 환경을 다양한 흥미 영역으로 구성하여 운영한다. 다. 유아의 능력과 장애 정도에 따라 조정하여 운영한다. 라. 부모와 각 기관의 실정에 따라 부모교육을 실시한다. 마. 가정과 지역사회와의 협력과 참여에 기반하여 운영한다. 바. 교사 재교육을 통해서 누리과정 활동이 개선되도록 운영한다.	II. 누리과정의 운영 1. 편성·운영 다음의 사항에 따라 누리과정을 편성·운영한다. 가. 1일 4-5시간을 기준으로 편성한다. 나. 일과 운영에 따라 확장하여 편성할 수 있다. 다. 누리과정을 바탕으로 각 기관의 실정에 적합한 계획을 수립하여 운영한다. 라. 하루 일과에서 바깥 놀이를 포함하여 유아의 놀이가 충분히 이루어지도록 편성하여 운영한다. 마. 성, 신체적 특성, 장애, 종교, 가족 및 문화적 배경 등으로 인한 차별이 없도록 편성하여 운영한다. 바. 유아의 발달과 장애 정도에 따라 조정하여 운영한다. 사. 가정과 지역사회와의 협력과 참여에 기반하여 운영한다. 아. 교사 연수를 통해 누리과정의 운영이 개선되도록 한다.

2) 교수·학습

기존의 누리과정이 교사가 직접 수행해야 하는 내용을 기술했다면, 「2019 개정 누리과정」에서는 교사가 유아를 지원해야 함을 강조하였다. 교사는 유아가 놀이에 자유롭게 참여하고 즐기도록 지원하고, 유아가 놀이를 통해 배우도록 지원해야 한다는 것이다. 유아의 놀이와 현장의 자율성 확대를 위해 기존에 있던 '활동을 선택', '지속', '주제를 중심으로', '균형 있게' 등의 문구는 삭제되었으며 놀이 이외에 활동, 휴식, 일상생활에 대하여 언급하였다.

❖ **표 8-6 교수·학습 비교**

3-5세 연령별 누리과정(2015)	「2019 개정 누리과정」
3. 교수·학습방법 가. 놀이를 중심으로 교수·학습활동이 이루어지도록 한다. 나. 유아의 흥미를 중심으로 활동을 선택하고 지속할 수 있도록 한다. 다. 유아의 생활 속 경험을 소재로 하여 지식, 기능, 태도 및 가치를 습득하도록 한다. 라. 유아와 교사, 유아와 유아, 유아와 환경 간에 능동적인 상호작용이 이루어지도록 한다. 마. 주제를 중심으로 여러 활동이 통합적으로 이루어지도록 한다. 바. 실내·실외활동, 정적·동적활동, 대·소집단활동 및 개별활동, 휴식 등이 균형 있게 이루어지도록 한다. 사. 유아의 관심과 흥미, 발달이나 환경 특성 등을 고려하여 개별 유아에게 적합한 방식으로 학습하도록 한다.	2. 교수·학습 교사는 다음 사항에 따라 유아를 지원한다. 가. 유아가 흥미와 관심에 따라 놀이에 자유롭게 참여하고 즐기도록 한다. 나. 유아가 놀이를 통해 배우도록 한다. 다. 유아가 다양한 놀이와 활동을 경험할 수 있도록 실내외 환경을 구성한다. 라. 유아와 유아, 유아와 교사, 유아와 환경 간에 능동적인 상호작용이 이루어지도록 한다. 마. 5개 영역의 내용이 통합적으로 유아의 경험과 연계되도록 한다. 바. 개별 유아의 요구에 따라 휴식과 일상생활이 원활히 이루어지도록 한다. 사. 유아의 연령, 발달, 장애, 배경 등을 고려하여 개별 특성에 따라 적합한 방식으로 배우도록 한다.

3) 평가

「2019 개정 누리과정」은 기존의 누리과정에서 누리과정 운영 평가와 유아 평가를 별도로 기술하고 그 내용에서 구체적인 방법을 기술했던 것에서 평가의 목적, 대상, 방법, 활용으로 나누어 간략하게 제시하였다. 교사들이 계획안 분석, 수업 참관 및 모니터링, 평가척도 등 다양한 방법, 유아 평가에서 관찰, 활동 결과물 분석, 부모면담 등 다양한 방법의 기술로 인해 부담이었던 것에서 원칙중심으로만 명시하였다.

❖ 표 8-7 평가비교

3-5세 연령별 누리과정(2015)	「2019 개정 누리과정」
4. 평가 가. 누리과정 운영평가 (1) 운영내용이 누리과정의 목표와 내용에 근거하여 편성·운영되었는지 평가한다. (2) 운영내용 및 활동이 유아의 발달수준과 흥미·요구에 적합한지를 평가한다. (3) 교수·학습방법이 유아의 흥미와 활동의 특성에 적합한지를 평가한다. (4) 운영 환경이 유아의 발달 특성과 활동의 주제, 내용 및 효율성 등을 고려하여 구성되었는지를 평가한다. (5) 계획안 분석, 수업 참관 및 모니터링, 평가척도 등 다양한 방법을 활용하여 평가한다. (6) 운영평가의 결과를 반영하여 운영계획을 수정·보완하거나 이후 누리과정 편성·운영에 활용한다. 나. 유아평가 (1) 누리과정 목표와 내용에 근거하여 유아의 특성과 변화 정도를 평가한다. (2) 유아의 지식, 기능, 태도를 포함하여 평가한다. (3) 유아의 일상생활과 누리과정 활동 전반에 걸쳐 평가한다. (4) 관찰, 활동 결과물 분석, 부모면담 등 다양한 방법을 사용하여 종합적으로 평가하고, 그 결과를 기록한다. (5) 유아평가 결과는 유아에 대한 이해와 누리과정 운영 개선 및 부모면담 자료로 활용할 수 있다.	3. 평가 평가는 다음 사항에 중점을 두고 실시한다. 가. 누리과정 운영의 질을 진단하고 개선하기 위해 평가를 계획하고 실시한다. 나. 유아의 특성 및 변화 정도와 누리과정의 운영을 평가한다. 다. 평가의 목적에 따라 적합한 방법을 사용하여 평가한다. 라. 평가의 결과는 유아에 대한 이해와 누리과정 운영 개선을 위한 자료로 활용할 수 있다.

Chapter

09 「2019 개정 누리과정」의 영역별 목표 및 내용

1. 신체운동 · 건강
2. 의사소통
3. 사회관계
4. 예술경험
5. 자연탐구

「2019 개정 누리과정」의 영역별 목표 및 내용의 전반적인 특성은 목표와 내용범주를 간략화하고, 내용을 대폭 줄였으며, 기술 방식에 있어 무엇인가를 기르기보다는 즐기는 것에 중점을 둔 것이다.

1 신체운동 · 건강

1) 목표와 내용범주 비교

기존 누리과정은 능력과 습관을 기르는 것으로 목표를 제시하였다면 「2019 개정 누리과정」은 즐기고 생활하는 것으로 제시하였다. 5개의 세부 목표를 3개로 간략화하고 내용범주에 있어서도 신체 인식하기, 신체 조절과 기본 운동하기, 신체활동에 참여하기를 통합하여 '신체활동 즐기기'로 제시하였으며 '건강하게 생활하기'와 '안전하게 생활하기'는 유지하였다.

❖ 표 9-1 목표 비교

3-5세 연령별 누리과정(2015)	「2019 개정 누리과정」
기본운동능력과 건강하고 안전한 생활습관을 기른다. 1. 감각능력을 기르고, 자신의 신체를 긍정적으로 인식한다. 2. 신체를 조절하고 기본운동능력을 기른다. 3. 신체활동에 즐겁게 참여한다. 4. 건강한 생활습관을 기른다. 5. 안전한 생활습관을 기른다.	실내외에서 신체활동을 즐기고, 건강하고 안전한 생활을 한다. 1. 신체활동에 즐겁게 참여한다. 2. 건강한 생활습관을 기른다. 3. 안전한 생활습관을 기른다.

❖ 표 9-2 내용범주 비교

3-5세 연령별 누리과정(2015)	「2019 개정 누리과정」
신체 인식하기	신체활동 즐기기
신체 조절과 기본운동하기	
신체활동에 참여하기	
건강하게 생활하기	건강하게 생활하기
안전하게 생활하기	안전하게 생활하기

2) 내용범주와 내용

신체운동·건강 영역의 내용을 12개로 간략화 하였다. 기존 누리과정의 내용과 세부 내용을 통합하여 포괄적으로 제시한 것이다. '안전하게 생활하기'에서는 안전에 대한 법적인 규정을 담고자 하였고, 유아에게 가장 중요한 '교통안전'은 별도의 내용으로 제시하였다. '안전사고'를 비롯한 나머지 내용은 하나의 내용에 포함하여 제시하였다.

❖ 표 9-3 내용범주와 내용

내용범주	내용
신체활동 즐기기	신체를 인식하고 움직인다.
	신체 움직임을 조절한다.
	기초적인 이동운동, 제자리운동, 도구를 이용한 운동을 한다.
	실내외 신체활동에 자발적으로 참여한다.
건강하게 생활하기	자신의 몸과 주변을 깨끗이 한다.
	몸에 좋은 음식에 관심을 가지고 바른 태도로 즐겁게 먹는다.
	하루 일과에서 적당한 휴식을 취한다.
	질병을 예방하는 방법을 알고 실천한다.
안전하게 생활하기	일상에서 안전하게 놀이하고 생활한다.
	TV, 컴퓨터, 스마트폰 등을 바르게 사용한다.
	교통안전 규칙을 지킨다.
	안전사고, 화재, 재난, 학대, 유괴 등에 대처하는 방법을 경험한다.

2 의사소통

1) 목표와 내용범주 비교

의사소통 영역의 4가지 세부목표를 3가지로 간략하게 제시하고 내용범주에서는 듣기와 말하기, 읽기와 쓰기는 분리의 어려움을 고려하여 하나로 통합하였다. 초등학교 교육과정의 문학과의 연계를 위해 '책과 이야기 즐기기' 내용범주를 추가하였다.

❖ 표 9-4 목표 비교

3-5세 연령별 누리과정(2015)	「2019 개정 누리과정」
일상생활에 필요한 의사소통능력과 바른 언어사용 습관을 기른다. 1. 다른 사람의 말을 주의 깊게 듣는 태도와 이해하는 능력을 기른다. 2. 자신의 생각과 느낌을 말하는 능력을 기른다. 3. 글자와 책에 친숙해지는 경험을 통하여 글자 모양을 인식하고 읽기에 흥미를 가진다. 4. 말과 글의 관계를 알고 자신의 생각, 느낌, 경험을 글로 표현하는 데 관심을 가진다.	일상생활에 필요한 의사소통능력과 상상력을 기른다. 1. 일상생활에서 듣고 말하기를 즐긴다. 2. 읽기와 쓰기에 관심을 가진다. 3. 책이나 이야기를 통해 상상하기를 즐긴다.

❖ 표 9-5 내용범주 비교

3-5세 연령별 누리과정(2015)	「2019 개정 누리과정」
듣기	듣기와 말하기
말하기	
읽기	읽기와 쓰기에 관심 가지기
쓰기	
	책과 이야기 즐기기

2) 내용범주와 내용

의사소통 영역의 내용도 12개로 정리하였으며 유아기에는 듣기와 말하기의 비중이 가장 크므로 내용 또한 듣기와 말하기에 많은 내용이 제시되어 있다.

❖ 표 9-6 내용범주와 내용

내용범주	내용
듣기와 말하기	말이나 이야기를 관심 있게 듣는다.
	자신의 경험, 느낌, 생각을 말한다.
	상황에 적절한 단어를 사용하여 말한다.
	상대방이 하는 이야기를 듣고 관련해서 말한다.
	바른 태도로 듣고 말한다.
	고운 말을 사용한다.
읽기와 쓰기에 관심 가지기	말과 글의 관계에 관심을 가진다.
	주변의 상징, 글자 등의 읽기에 관심을 가진다.
	자신의 생각을 글자와 비슷한 형태로 표현한다.
책과 이야기 즐기기	책에 관심을 가지고 상상하기를 즐긴다.
	동화, 동시에서 말의 재미를 느낀다.
	말놀이와 이야기 짓기를 즐긴다.

3 사회관계

1) 목표 및 내용범주 비교

사회관계 영역의 목표에서도 5가지 세부목표를 3가지로 간략히 제시하며 능력과 태도를 기르는 것에서 태도를 가지는 것으로 기술하였다. 내용범주는 나와 관련된 내용은 '나를 알고 존중하기'로, 가족을 비롯한 다른 사람과의 관계는 '더불어 생활하기'로 통합하여 제시하였고, '사회에 관심가지기'는 유지하였다.

❖ 표 9-7 목표 비교

3-5세 연령별 누리과정(2015)	「2019 개정 누리과정」
자신을 존중하고 다른 사람과 더불어 생활하는 능력과 태도를 기른다. 1. 자신을 소중히 여기며 자율성을 기른다. 2. 자신과 타인의 감정을 알고, 자신의 감정을 적절하게 표현하고 조절한다. 3. 가족과 화목하게 지내며 서로 협력한다. 4. 친구, 공동체 구성원들과 서로 돕고, 예의 규칙 등 사회적 가치를 알고 지킨다. 5. 우리 동네, 우리나라, 다른 나라에 관심을 가진다.	자신을 존중하고 더불어 생활하는 태도를 가진다. 1. 자신을 이해하고 존중한다. 2. 다른 사람과 사이좋게 지낸다. 3. 우리가 사는 사회와 다양한 문화에 관심을 가진다.

❖ 표 9-8 내용범주 비교

3-5세 연령별 누리과정(2015)	「2019 개정 누리과정」
나를 알고 존중하기	나를 알고 존중하기
나와 다른 사람의 감정을 알고 조절하기	
가족을 소중히 여기기	더불어 생활하기
다른 사람과 더불어 생활하기	
사회에 관심 갖기	사회에 관심 가지기

2) 내용범주와 내용

사회관계 영역의 내용 또한 12개이며 포용이라는 세계적 동향과 국정 방향을 반영하여 더불어 생활하기 내용이 상대적으로 많이 포함되었다.

❖ 표 9-9 내용범주와 내용

내용범주	내용
나를 알고 존중하기	나를 알고 소중히 여긴다.
	나의 감정을 알고 상황에 맞게 표현한다.
	내가 할 수 있는 것을 스스로 한다.
더불어 생활하기	가족의 의미를 알고 화목하게 지낸다.
	친구와 서로 도우며 사이좋게 지낸다.
	친구와의 갈등을 긍정적인 방법으로 해결한다.
	서로 다른 감정, 생각, 행동을 존중한다.
	친구와 어른께 예의바르게 행동한다.
	약속과 규칙의 필요성을 알고 지킨다.
사회에 관심 가지기	내가 살고 있는 곳에 대해 궁금한 것을 알아본다.
	우리나라에 대해 자부심을 가진다.
	다양한 문화에 관심을 가진다.

4 예술경험

1) 목표 및 내용범주 비교

예술경험 영역의 목표에서 세부목표의 수는 같지만 보다 간략화되었으며, 능력을 기른다는 기술은 삭제되고 즐긴다는 표현은 유지되었다. 내용범주는 5개의 영역 중 가장 변화가 적었는데 예술적 표현하기가 창의적 표현하기로 수정되었다.

❖ 표 9-10 목표 비교

3-5세 연령별 누리과정(2015)	「2019 개정 누리과정」
아름다움에 관심을 가지고 예술경험을 즐기며, 창의적으로 표현하는 능력을 기른다. 1. 자연과 주변 환경에서 발견한 아름다움과 예술적 요소에 관심을 갖고 탐색한다. 2. 자신의 생각과 느낌을 음악, 움직임과 춤, 미술, 극놀이를 통해 창의적으로 표현하는 것을 즐긴다. 3. 자연과 다양한 예술 작품을 감상하며, 풍부한 감성과 심미적 태도를 기른다.	아름다움과 예술에 관심을 가지고 창의적 표현을 즐긴다. 1. 자연과 생활 및 예술에서 아름다움을 느낀다. 2. 예술을 통해 창의적으로 표현하는 과정을 즐긴다. 3. 다양한 예술 표현을 존중한다.

❖ 표 9-11 내용범주 비교

3-5세 연령별 누리과정(2015)	2019 개정 누리과정
아름다움 찾아보기	아름다움 찾아보기
예술적 표현하기	창의적으로 표현하기
예술감상하기	예술감상하기

2) 내용범주와 내용

예술경험 영역의 내용은 포괄적이고 통합적인 영역의 특성을 고려하여 10개의 내용으로 제시되었다. 유아기에는 자연스럽게 '창의적으로 표현하기'의 내용을 가장 많이 경험하게 될 것이다.

❖ 표 9-12 내용범주 내용

내용범주	내용
아름다움 찾아보기	자연과 생활에서 아름다움을 느끼고 즐긴다.
	예술적 요소에 관심을 갖고 찾아본다.
창의적으로 표현하기	노래를 즐겨 부른다.
	신체, 사물, 악기로 간단한 소리와 리듬을 만들어 본다.
	신체나 도구를 활용하여 움직임과 춤으로 자유롭게 표현한다.
	다양한 미술 재료와 도구로 자신의 생각과 느낌을 표현한다.
	극놀이로 경험이나 이야기를 표현한다.
예술 감상하기	다양한 예술을 감상하며 상상하기를 즐긴다.
	서로 다른 예술 표현을 존중한다.
	우리나라 전통 예술에 관심을 갖고 친숙해진다.

5 자연탐구

자연탐구 영역은 기존에 없었던 자연과 더불어 살아가는 태도를 목표에 진술하였다. 또한 다른 영역과 같이 과정을 즐기는 것을 강조하고 무언가를 기르기보다는 탐구하는 것으로 제시하고 있다. 앞서 사회관계 영역에서 다른 사람과 더불어 생활하기가 제시된 바 있고, 자연탐구 영역에서는 지속 가능한 사회를 만들기 위해 생명과 자연을 존중하는 세부 목표를 제시하고 있다. 내용범주에서 탐구하는 태도 기르기는 '탐구과정 즐기기'로, 수학적 탐구하기와 과학적 탐구하기를 묶어서 '생활 속에서 탐구하기'로 제시하였다. 또한 '자연과 더불어 살기'를 하나의 내용범주로 추가하여 제시하였다.

❖ 표 9-13 목표 비교

3-5세 연령별 누리과정(2015)	「2019 개정 누리과정」
호기심을 가지고 주변 세계를 탐구하며, 일상생활에서 수학적·과학적으로 생각하는 능력과 태도를 기른다. 1. 주변의 사물과 자연 세계에 대해 알고자 하는 호기심을 가지고 탐구하는 태도를 기른다. 2. 생활 속의 여러 상황과 문제를 논리·수학적으로 이해하고 해결하기 위한 기초 능력을 기른다. 3. 주변의 관심 있는 사물과 생명체 및 자연현상을 탐구하기 위한 기초 능력을 기른다.	탐구하는 과정을 즐기고, 자연과 더불어 살아가는 태도를 가진다. 1. 일상에서 호기심을 가지고 탐구하는 과정을 즐긴다. 2. 생활 속의 문제를 수학적·과학적으로 탐구한다. 3. 생명과 자연을 존중한다.

❖ 표 9-14 내용범주 비교

3-5세 연령별 누리과정(2015)	「2019 개정 누리과정」
탐구하는 태도 기르기	탐구과정 즐기기
수학적 탐구하기	생활 속에서 탐구하기
과학적 탐구하기	
	자연과 더불어 살기

자연탐구 영역의 내용은 모두 13개로 5개 영역 중 가장 많은 내용을 제시하고 있다. 자연탐구 영역에는 학문의 체계가 있는 수학과 과학의 내용이 포함되기 때문에 포괄적으로 제시하기 힘든 부분이 있어 영역의 특성상 많은 내용을 제시하고 있는 것이다.

❖ 표 9-15 내용범주와 내용

내용범주	내용
탐구과정 즐기기	주변 세계와 자연에 대해 지속적으로 호기심을 가진다.
	궁금한 것을 탐구하는 과정에 즐겁게 참여한다.
	탐구과정에서 서로 다른 생각에 관심을 가진다.
생활 속에서 탐구하기	물체의 특성과 변화를 여러 가지 방법으로 탐색한다.
	물체를 세어 수량을 알아본다.
	물체의 위치와 방향, 모양을 알고 구별한다.
	일상에서 길이, 무게 등의 속성을 비교한다.
	주변에서 반복되는 규칙을 찾는다.
	일상에서 모은 자료를 기준에 따라 분류한다.
	도구와 기계에 대해 관심을 가진다.
자연과 더불어 살기	주변의 동식물에 관심을 가진다.
	생명과 자연환경을 소중히 여긴다.
	날씨와 계절의 변화를 생활과 관련짓는다.

생활 속에서 탐구하기의 7개 내용에서 5개가 수학에 관한 내용이다. 이는 유아수학이 생활 속에서 발견하고, 경험하고, 즐겨야 할 영역임을 시사하는 것이다. 앞의 5장 7절에서 자세한 사례들을 이미 설명한 것을 참조하기 바란다.

PART 02

실제편

Chapter

10 「2019 개정 누리과정」에 기초한 놀이중심 수학교육사례

교사는 유아의 놀이에서 그 의미를 읽어야 한다. 즉, 유아가 놀이에서 무엇을 경험하고, 어떻게 배우며, 어떻게 놀이를 이어가는지 그 흐름을 이해해야 하는 것이다. 유아들은 놀이하면서 상상, 호기심, 협력, 소통, 몰입, 즐거움, 움직임, 실험, 탐색 등의 놀이 특성을 경험하며 놀이 방식을 배우고 있고, 이 놀이의 과정 자체가 배움의 과정인 것이다.

교사는 놀이를 계획하는 것이 아니라 유아의 놀이를 관찰하면서 짧은 문장의 기록, 사진 등으로 놀이를 기록함으로 놀이의 의미와 가치를 읽는 교육적 행위를 해야 한다.

「2019 개정 누리과정」 교사 연수 자료에서는 놀이의 의미를 읽는 다양한 사례를 소개하고 있다.

1 색 철사의 변신

놀이사례	색 철사의 변신

놀이경험	3세인 연주는 다양한 색 철사 중에서 가장 굵은 색 철사를 집어 든다. 손을 움직여 보지만 철사를 서로 연결하는 것도, 단추를 끼우는 것도 쉽지 않다. 연주는 자신의 놀이 흔적을 타공 판에 남기고 다른 놀이로 이동한다. 연주의 흔적은 시율이의 놀이로 이어진다. 시율이는 굵은 색 철사에 힘을 가해 우연히 만들어진 모양을 보고 '총', '아이스크림 푸는 기계'를 상상한다. 오랜 시간 집중하여 색 철사로 모양을 만들던 시율이는 이번에는 굵은 철사 2개를 함께 꼰다. 시율이는 감각과 몸으로 색 철사를 만나면서 구부러진다는 성질과 구부러진 모양이 고정되는 성질을 알아 가며 변형을 반복한다. 굵은 색 철사만을 가지고 놀던 유아들은 지건이가 가는 철사로 놀이하는 모습을 보고 다른 굵기의 철사에 관심을 갖게 된다. 지영이, 정아, 예은이는 가장 가는 색 철사를 집어 들었고, 가는 철사에는 단추를 끼운다. 철사에 끼운 단추가 자꾸 빠지지만, 정아는 포기하지 않고 단추 끼우기를 반복한다. 지영이는 단추를 색 철사 중간까지만 끼운 후 조심스럽게 양 끝을 잡아 단추가 빠지지 않게 한다. 예은이는 색 철사 한쪽 끝을 손으로 구부려 매듭을 만든다. 유아들은 색 철사 공간에 모여 단추를 끼우며 모두 자신만의 전략을 고안해 낸다. 서로의 전략을 공유하던 정아와 지영이는 예은이처럼 색 철사의 한쪽 끝을 묶고 단추 끼우는 방법을 시도한다. 정아는 2주에 걸쳐 매일 긴 색 철사 끝에 매듭을 만들고 단추 끼우기를 반복한다. 점점 많아지는 단추를 보며 아름다움을 느낀다. 지영이는 단추가 빠져나오지 않도록

	하는 기능적인 면에 집중하며 매듭을 만들다가 점차 다양한 모양의 매듭을 창조하기 시작한다. 다양한 매듭을 만들던 지영이는 이제 색 철사를 나뭇가지에 감는 시도를 한다. 지영이의 시도는 여러 유아에게 옮겨 간다. 유아는 이제 색 철사와 다른 매체를 연결해서 모양을 복잡하게 변화시킨다. 색 철사가 다른 매체와 함께 점점 복잡한 형태가 되는 것에서 아름다움을 느낀다.
교사의 놀이 이해	교사는 유아가 색 철사를 만지고 느끼면서 그 특성을 확인하고, 지속적으로 놀이하면서 색 철사 놀이를 변형해 나간다는 것을 알게 되었다. 색 철사는 위험할 수도 있는 매체라 생각했으나, 유아 스스로 조율해 가며 안전하고 즐겁게 놀이할 수 있음을 확인하였다.
수학개념	공간과 도형, 기초적인 측정(길이, 굵기 등), 문제해결하기, 의사소통하기

2 종이 벽돌 블록과 나무 블록으로 놀기

놀이사례	종이 벽돌 블록과 나무 블록으로 놀기
놀이경험	유아는 종이 벽돌 블록을 쌓고 부수기를 반복하고 울타리를 만들어 자신의 공간을 만들기 시작했다. 각자의 공간이 익숙해질 무렵 그 공간들을 연결하여 함께 공동의 집 만들기를 시작했고 집 안에 냉장고와 TV도 만들었다. 함께 놀던 유아가 떠나고 남겨진 냉장고는 새롭게 합류한 유아로 인해 집이라는 공간으로 다시 창조되면서 새로운 놀이가 되었다. 유아는 종이 벽돌 블록의 안전함과 큰 구조물을 만들 수 있다는 특징을 이용하여 몸으로 공간을 경험하며 놀이를 변형시켰다.   며칠 뒤 교사는 나무 블록을 제공하였다. 나무 블록을 제공한 첫날, 유아는 나무 블록으로 이야기가 있는 세밀하고 복잡한 구조물들을 만들기 시작했다. 유아는 주차장 옆에 세차장, 충전소 카드 기계까지 만들어 연결하고 이야기를 만들어 갔다. 매일 주차장 만들기 놀이가 반복되는 듯 보였지만, 그 속에서는 차이가 있는 '더해짐'으로 놀이의 확장이 일어나고 있었다. 유아는 나무 블록을 활용하여 놀이 안에 필요한 세부 요소(소품)를 더하였으며, 즉흥적으로 생각해낸 아이디어를 나무 블록을 통해 실제화시켰다. 생일 축하 놀이를 위한 케이크, 친구들과 함께 타기 위한 2층 차, 캠핑카 등은 블록의 특성과 유아의 아이디어의 밀착된 관계를 잘 나타낸다. 나무 블록에 익숙해질 무렵 유아는 나무 블록과 기존에 익숙하게 놀았던 종이 벽돌 블록을 함께 사용하기 시작했다. 유아는 놀이에 따라 어떤 블록을 어떻게 사용할지를 감각적으로 창조하여 놀이를 풍요롭

	게 만들어갔다. 종이 벽돌 블록으로는 커다란 집과 자동차 등의 큰 구조물을 만들었으며, 나무 블록으로는 소품을 만들어 작은 공간을 채웠다. 종이 벽돌 블록과 나무 블록을 적절히 사용하여 공간을 연결하고 확장하기도 했다. 다양한 블록으로 놀이한 경험은 유아의 상상과 만나 새로운 이야기로 흘러갔다. 이렇게 유아는 일상생활에서의 다양한 경험을 놀이 속에 통합하고 연계하며 상상놀이를 즐겼다. 친구의 경험을 들으면서 서로 경험을 나누는 것도 즐겼다. 또한 여러 가지 시도와 변화를 위해 친구들과 의견을 조율하며 협력적으로 문제를 해결하려고 노력하였다.
교사의 놀이 이해	유아는 블록의 속성을 자신의 놀이의 목적과 필요에 맞게 감각적으로 활용하여 더욱더 복잡하고 정교한 구성물을 만들었다. 교사는 블록으로 어떤 놀이를 해야 할지, 어떤 블록을 어떻게 사용해야 하는지 알려주지 않아도 유아가 스스로 놀이를 만들어 간다는 것을 알았다. 유아는 자신의 주도적인 표현을 즐겼으며 구성물의 균형, 정교함, 주변과의 어울림을 스스로 찾아가기도 하였다.
수학개념	공간과 도형, 기초적인 측정(길이, 굵기 등), 규칙과 패턴, 분류, 추론하기, 문제해결하기

3 뛰고 잡고, 또 뛰고 잡고

놀이사례	뛰고 잡고, 또 뛰고 잡고
놀이경험	  유아는 그냥 놀이를 한다. 놀이를 하면서 유리한 규칙, 재미를 위한 방법 등을 순간순간 만들어 낸다. 도둑이었던 동민이는 경찰이 되고 싶었고 경찰이 된다. 경찰인 동민이가 도둑이 된 준우를 잡는다. 잡힌 준우는 잠시 쉬었다가 '터치'라고 하며 감옥에서 나와 다시 놀이에 참여한다. 도둑 철희는 힘이 들어서 도둑만 들어올 수 있는 공간을 만들고 잠시 쉰다. 이처럼 유아는 자연스럽게 긴장과 휴식을 조절한다. 그리고 유아는 다시 뛰기 시작한다. 놀면서 규칙을 만들고 그 규칙은 즉흥적으로 계속 변형된다. 처음에는 한 유아가 주도하던 뛰고 잡는 놀이는 금세 다른 유아들의 참여를 이끌어 내고 놀이는 공유된다. 놀이의 규칙이 없어도 유아는 뛰고 잡고 다시 뛰는 반복적인 놀이 과정 그 자체를 즐긴다.
교사의 놀이 이해	교사가 보기에는 이 모든 상황들이 이해가 되지 않고 혼란스럽다. 일관된 놀이 규칙이 보이지 않기 때문이다. 그런데 이런 놀이 방식은 유아 시기에서는 전혀 문제가 없어 보인다. 어떤 새로운 규칙이 불쑥불쑥 등장해도 유아들은 전혀 당황하거나 이상하게 여기지 않는다. 유아는 원래 알고 있었다는 듯 혹은 새로운 것을 배울 준비가 되어 있는 것처럼 자연스럽게 받아들이고 놀이한다. 유아는 즐겁게 놀이를 하고 있었다.
수학개념	공간과 도형, 기초적인 측정(거리), 규칙과 패턴, 의사소통하기

4 매일 팽이만 가지고 논다고요?

놀이사례	매일 팽이만 가지고 논다고요?
놀이경험	 준석이는 다른 유아와 함께 앉아 팽이 돌리기를 하는 것처럼 보였지만, 다른 유아의 팽이를 멈추게 하여 놀이를 방해하는 듯하다. 그 이유는 다른 유아와 놀이를 함께하고 싶지만 그 마음을 표현하는 방법이 서툴어서일 수도 있고, 단순히 규칙을 지키지 않는 것일 수도 있다. 그런데 놀이를 하는 다른 유아는 준석이의 행동을 크게 문제 삼지 않고 팽이 돌리기를 이어 간다. '어? 팽이를 쳐서 멈췄네. 내가 이겼다', '왜 손 막고 하냐?'와 같은 말을 하지만 준석이를 탓하기보다는 오히려 멈춰 선 팽이를 보며 웃는다. 유아의 놀이에 대한 욕구는 놀이에 방해되는 행동이 일어나더라도 놀이를 중단하지 않고 놀이를 중단하지 않고 놀이를 지속하게 한다. 즉, 놀이의 즐거움과 놀이하고 싶은 마음은 놀이 과정에서 생기는 갈등과 차이를 수용하며 함께 놀이한다. 준석이가 팽이를 멈추게 했지만 동우와 민재는 웃으면서 팽이를 주워 오고 계속 팽이를 돌린다. 준석이는 팽이를 멈춰 세우는 행동을 몇 번 하다 우연히 팽이가 다리에 부딪혀 다른 곳으로 굴러가는 것을 본다. 이것을 보고 준석이는 다리를 모아 공간을 만들어 그 안에서 팽이를 돌리자고 다른 유아에게 제안한다. 유아들은 다리를 양쪽으로 벌려 서로의 발바닥을 붙여서 생긴 네모난 공간 안에서 팽이를 돌린다. 모두 웃으면서 팽이를 돌린다. 놀이를 방해하는 것처럼 보이는 행동을 하던 준석이가 우연히 새로운 놀이 방법을 제안한 것이다. 유아들이 놀이 방법을 창안한다.

교사의 놀이 이해	교사는 유아가 갈등의 조짐으로 보이는 행동을 할지라도 다른 유아들이 함께 놀았던 경험을 바탕으로 서로 이해하며 그 행동을 수용한다는 것을 알았다. 유아는 서로 배려하고 함께 놀이할 수 있는 힘을 스스로 키워 가고 있었다. 유아는 끊임없이 팽이를 돌리며 팽이 돌리기에 가장 적절한 자세를 찾기 위해 몸을 움직여 조절한다. 팽이가 오랫동안 균형을 잃지 않고 돌아가도록 팽이를 쥐는 손 모양, 팔꿈치를 꺾는 정도, 무릎의 굽힘 정도, 손가락 힘의 조절, 팽이를 떨어뜨리는 순간 등을 고려하여 신체를 조절하며 문제를 해결한다. 매일 팽이 대결을 하지만 매 대결마다 누가 이길지는 아무도 모른다. 어느 순간부터 승패는 중요하지 않게 되었다.
수학개념	공간과 도형, 기초적인 측정, 추론하기, 문제해결하기

5 나비반 매트

놀이사례	나비반 매트

놀이경험	주연이는 작고 동그란 판에 끈을 끼운다. 먼저 손가락을 움직여 한 가지 색의 끈을 끼워 보고, 여러 색의 털실을 땋아 보기도 한다. 끈은 손가락의 움직임에 따라 새롭고 아름다운 모양이 된다. 민욱이는 둥근 판에 여러 색의 털실을 감아 보고, 땋아 보고, 묶어 보는 일이 재미있다. 실을 잡고 손가락을 위로 아래로 옆으로 계속 움직이며 다양한 털실이 만드는 모양을 보게 된다. 충원이는 친구들처럼 실을 잘 땋고 싶다. 그런데 자꾸 꼬인다. 손가락 하나하나를 따로 움직이고 힘을 조절하는 것이 쉽지만은 않다. 실패하기도 하지만, 계속 땋는다. 이제는 혼자서도 할 수 있게 되었다. 여러 색의 실이 엮이며 땋이는 순간 기쁨을 느낀다. 나비반 유아는 7개월에 걸쳐 작은 둥근 틀에 끈을 끼우고 땋는 것에서부터 시작해 직조 틀에 끈을 엮는 것을 지속적으로 반복한다. 누가 시킨 일도 아닌데 계속 엮고 꿰고 묶고 땋는다. 친구의 도움을 받기도 하면서 계속해서 반복한다. 매 순간 새로운 시도와 도전이 계속된다. 유아는 자신의 키만큼 긴 끈을 엮어 본다. 지금까지 참여하지 않았던 유아도 관심을 가지고 함께 도전한다. 쉽지만은 않지만, 다른 유아가 엮어 놓은 끈 옆에 새로운 끈을 채우고 엮는다. 그 과정에서 유아는 즐거움을 느끼고, 무엇인가 멋진 일을 하고 있다는 성취감을 경험한다. 이제 유아는 나비반 유아가 모두 들어갈 수 있는 '큰 매트 만들기'라는 공동의 목표를 세운다. 유아는 손가락을 움직일 때마다 새롭게 재탄생하는 끈과 끈의

	만남을 통해 어려운 일을 해냈다는 뿌듯함, 한 줄 한 줄 채워 가는 데서 오는 성취감, 다른 유아와 함께하는 즐거움을 경험한다.
교사의 놀이 이해	교사는 유아에게 엮고 꿰고 묶고 땋는 반복적인 행위는 단순하고 지루한 일이 아니라는 것을 알게 되었다. 유아가 몇 달간 끈을 꿰고 감고 땋고 엮는 것에 즐거움을 느끼고 실패도 경험하며 그 과정에 몰입하는 것을 보았다. 이는 유아에게 즐거움과 성취를 경험하게 했다는 점에서 중요한 의미를 가진다.
수학개념	공간과 도형, 기초적인 측정, 문제해결하기, 추론하기, 규칙과 패턴

6 종이컵 놀이 해봐야 알아요

놀이사례	종이컵 놀이 해봐야 알아요
놀이경험	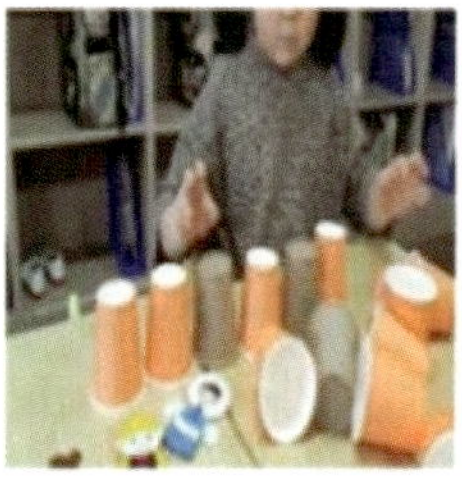 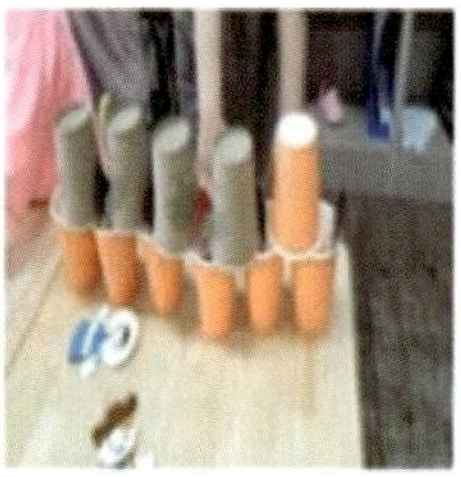  보라반 교사는 주변에서 흔하게 볼 수 있는 종이컵을 수·조작 공간의 한 코너에 두었다. 현아가 종이컵에 호기심을 갖고 종이컵을 탐색하면서 쌓아 보고, 색깔별로 분류하고, 종이컵을 더 높이 쌓다가 막대를 올려 보기도 하면서 새롭게 표현한다. 교구장에서 인형을 가져와서 댄싱 컵을 상상하기도 한다. 현아의 종이컵 놀이는 이렇게 자연스럽게 변형되어 간다. 현아는 계속 주변의 종이컵을 쌓았다가, 늘어뜨려 보았다가, 다시 쌓기를 반복하며 실험한다. 혼자서 놀던 현아의 종이컵 놀이에 서현이가 관심을 보인다. 수·조작 공간의 교구장에 있던 구슬을 종이컵 하나에 숨긴다. 이제 현아는 서현이와 종이컵 속 구슬 찾기 놀이를 한다. 혼자 놀던 현아와 서현이가 같이 놀고 있다. 유아는 자신이 주도하는 놀이에서 수학적, 과학적 방법으로 탐구하고 사회적 관계도 경험하고 있다. 옆 반 파란반 교사는 종이컵으로 이렇게 다양하게 놀 수 있다는 사실이 신기했고, 우리 반에서는 어떠한 놀이가 이루어질지 궁금했다. 그래서 다양한 색깔의 더 많은 종이컵을 교실 전체 공간에 두었다. 그리고 나서 유아가 만들어 가는 종이컵을 지켜보았다. 그날은 교실 전체가 다양한 종이컵 놀이로 신이 났다. 유아는 종이컵 따먹기 놀이를 하고, 종이컵으로 머리띠, 팔찌도 만든다. 한쪽 공간에서는 종이컵에 공 넣기 게임을 한다. 교실의 제일 넓은 공간에는 종이컵 울타리가 만들어지고 있다. 유아는 종이컵으로 원을 만들고 그 제한된 공간에 여러 명이 들어가서 울타리를 넘지 않도록 자신의 신체를 조절하며 협력한다. 이렇게 유아는 주변의 재료를 활용해서 하고 싶은 놀이를 자유롭게 만들어가며 몰입한다. 규

	칙을 만들고 공유하면서 종이컵 놀이는 더욱 풍요로워진다. 게임 규칙을 생성하고 규칙을 바꿔 가면서 놀이는 변화하고 더욱 다양해진다. 그 과정에서 교사에게 도움을 요청하기도 하고 친구와 협력하기도 한다. 유아는 교실에 놓인 종이컵에 호기심을 갖는다. 놀이가 진행되며 종이컵을 늘어뜨리고 쌓고 오리면서 탐색하고 실험한다. 유아는 종이컵에 인형을 넣어 놀이동산 댄싱 컵을 상상하며 놀이한다. 그러다 서현이가 종이컵 속 구슬 찾기 놀이를 제안하고 현아와 서현이는 함께 놀이한다. 유아는 놀이를 주도하며 자유롭게 이어 나간다. 유아는 주변의 자료를 활용하여 다양한 방법으로 놀이한다. 종이컵 울타리에 들어가 울타리를 넘지 않도록 신체를 조절하며 협력하기도 한다. 놀이 과정에서 규칙을 만들고 바꾸면서 다양한 놀이를 즐긴다. 놀이가 이어지면서 유아는 반복, 문제 해결, 갈등 조절, 개별성, 끈기 등을 경험할 수 있다. 이처럼 종이컵 놀이를 하면서, 유아는 다양한 경험을 한다. 이러한 유아의 경험이 곧 배움의 내용, 방식, 과정이다.
교사의 놀이 이해	[사회관계] 나를 알고 존중하기 > 내가 할 수 있는 것을 스스로 한다. 더불어 생활하기 > 갈등을 긍정적으로 해결한다. 더불어 생활하기 > 다른 사람의, 감정, 생각, 행동을 존중한다. • 유아는 종이컵을 가지고 자신의 생각대로 자유롭게 놀이한다. 유아는 '선을 넘지 말자', '종이컵 동그라미 밖으로 나가면 안 돼' 등의 규칙과 질서를 스스로 만들어서 놀이 중에 생기는 갈등을 긍정적으로 해결한다. 유아는 놀이하면서 놀이 규칙을 만드는 과정에서 서로의 감정, 생각 행동을 서로 존중한다. [예술경험] 창의적으로 표현하기 > 다양한 미술 재료와 도구로 자신의 생각과 느낌을 표현한다. • 유아는 종이컵과 다른 재료들을 활용하여 댄싱 컵, 게임 도구(구슬 찾기, 공 불기, 공 던지기), 울타리, 머리띠와 팔찌 등을 만들며 자신의 생각과 느낌을 표현한다. [자연탐구] 탐구과정 즐기기 > 궁금한 것을 탐구하는 과정에 적극적으로 참여

	한다. 생활 속에서 탐구하기 > 물체의 특성과 변화를 여러 가지 방법으로 탐색한다. •유아는 종이컵으로 만들고 꾸미는 놀이를 하면서 다양한 재료와 도구를 탐색해 간다. 유아는 종이컵을 자르고 종이컵 안에 스티로폼 공을 넣는 등 탐구과정에 적극적으로 참여하며 종이컵, 스티로폼 공의 특성을 알아 간다. 또 종이컵을 쌓거나 한 줄로 나열하고 색깔별로 분류하면서 물체의 특성과 변화를 여러 가지 방법으로 탐색한다.
수학개념	수 연산, 공간과 도형, 규칙과 패턴, 추론하기, 문제해결하기, 분류하기

7 자전거 길을 만들어요

놀이사례	자전거 길을 만들어요
놀이경험	  자전거 길을 만들기 위해 유아는 밖으로 나가 땅을 파고 작은 언덕을 만든다. 꽃삽, 돌, 끈, 정을 이용하여 새로운 놀이를 만든다. 꽃삽으로 파니 공벌레가 나온다. 우연히 발견한 공벌레 찾기에 재미가 생긴다. 공벌레를 찾으려는 호기심으로 여기저기를 파보기도 하고 친구들과 공벌레가 있을만한 곳을 찾아보기도 한다. 어떤 유아는 울타리 한쪽에서 작은 돌들을 쌓다가 새 둥지를 상상한다. 새 둥지에 새들이 푹신하게 머물 수 있게 나뭇잎을 깔고 싶어 어떤 나뭇잎이 좋을지 생각하며 주도적으로 돌아다닌다. 놀이를 하며 생각이 자꾸 변한다. 선생님과 자전거 길을 만들자는 이야기를 나눈 것을 잊은 것은 아닐까? 꼭대기에 올라가서 정을 박아본다. 꼭대기 여기저기에 박힌 정을 끈으로 연결하니 어느덧 자전거 길이 나타났다.
교사의 놀이 이해	바깥 공간에는 의도하지 않은 놀이 자료가 많다. 놀이자료를 찾다보면 더 재미난 놀이를 할 수 있다. 자료의 성질에 따라 하고 싶은 놀이도 변한다. 바깥은 유아가 만들어 가는 놀이가 펼쳐지는 놀이마당이다.
수학개념	공간과 도형, 측정, 추론하기, 문제해결하기

8 다양한 놀이사례

이 외에 다양한 놀이사례를 통해 우리는 유아들이 습득할 수 있는 수학개념을 분석할 수 있다.

놀이사례		수학개념
•종이로 함께 놀아요 짝을 지어 신문지를 머리가 들어갈 수 있을 만큼 찢은 후, 짝과 함께 찢은 신문지를 입고 다양한 놀이하기		공간과 도형, 측정, 추론하기, 문제 해결하기, 의사소통하기
•짝 정하기 연령을 통합하여 짝을 정하고 함께 놀이하기		수 연산, 문제해결하기, 의사소통하기
•비 온 뒤 놀이터 비가 오고 난 후의 놀이터에서 흙탕물로 다양한 놀이하기		공간과 도형, 측정, 추론하기
•물길 만들기 흙 놀이를 하다가 물이 흘러갈 수 있는 물길을 협동하여 만들기		공간과 도형, 측정, 추론하기, 문제해결하기, 의사소통하기

<table>
<tr><th colspan="2">놀이사례</th><th>수학개념</th></tr>
<tr><td>•끼리끼리
자연물을 가지고 놀다가 성질이 같은 것끼리 모아 보고 나누어보기</td><td>
</td><td>수 연산, 자료수집과 분류</td></tr>
<tr><td>•숲 놀이터
숲에서 다양한 자연물로 자유롭게 놀이하기</td><td></td><td>수 연산, 공간과 도형, 측정, 자료 수집과 분류, 추론하기, 문제해결하기</td></tr>
<tr><td>•길쌈놀이
단오에 하는 단심줄 놀이</td><td></td><td>공간과 도형, 규칙 및 패턴, 분류, 측정</td></tr>
</table>

Chapter

11 전통놀이를 통한 수학개념 및 사례

1. 고누
2. 고무줄놀이
3. 공기놀이
4. 구슬치기
5. 그림자놀이
6. 딱지치기
7. 땅따먹기
8. 봉사놀이
9. 비석치기(비석놀이)
10. 사방치기
11. 실뜨기
12. 윷놀이
13. 자치기
14. 칠교놀이
15. 팽이치기
16. 투호놀이

이 장에서는 우리의 전통놀이가 사회성, 창의력, 집중력의 촉진은 물론이거니와 수학적으로는 수개념, 공간개념, 패턴과 측정의 감각, 추론과 문제해결력이 자연스레 촉진되는 놀이임을 제시하였다. 고누, 고무줄놀이, 공기놀이, 구슬치기, 그림자놀이, 딱지치기, 땅따먹기, 봉사놀이, 비석치기, 사방치기, 실뜨기, 윷놀이, 자치기, 칠교놀이, 팽이치기, 투호놀이의 16가지 전통놀이는 놀이 속에 내재된 도형감각, 확률, 문제해결력, 측정, 공간개념, 정보수집, 추론, 연산, 패턴, 순열과 조합 등의 수학개념 발달 외에도 놀이를 통한 순발력, 집중력과 음률발달, 신체발달, 사회성발달, 창의성발달, 언어발달의 전인적 발달이 가능하다.

1 고누(함박누리, 2009; 최혜순, 양은호, 2010)

이 놀이의 환경은 더운 여름에 서늘한 나무 그늘에서 주로 하는 놀이이다. 땅바닥에 말판을 그리고 돌을 말로 사용하면서 바둑처럼 놀이를 하는데 줄고누, 호박고누, 우물고누(샘고누), 꽂고누(곤질고누), 자전거고누 등으로 말판의 종류가 다양하다. 줄고누는 가로 5칸, 세로 4칸의 격자무늬 모양이며, 말은 두 편 모두 5개씩을 가지고 앞, 뒤, 옆으로 한 칸씩 갈 수 있는데, 두 말 사이에 상대편 말이 들어가게 되면 바둑처럼 따먹을 수 있다.

호박고누의 말판은 왕(王)자 안에 원을 그리고, 바깥 줄에 각각 말을 3개씩 놓고 두고, 우물고누(샘고누)는 원을 그린 후에 원 안에 십(十)자로 금을 긋고 원의 1/4호를 지운다. 우물고누는 말판이 단순하므로 말을 2개씩만 가지고, 원의 교점에 놓은 후에 먼저 하는 사람이 끝에 놓인 말을 움직일 수 없고, 자기 차례에서 말을 움직일 수 없으면 지는 것이다.

꽂고누(곤질고누)의 말판은 정사각형 3개와 선분을 24개의 꼭짓점이 생

그림 11-1 고누

기도록 그린다. 각각 말판을 12개씩 가지고 1개씩 말을 놓게 되는데 말 3개가 일직선이 되면 '곤'이라고 해서 상대 말 하나를 따게 된다. 그 자리에는 X표를 하고 다시 말을 놓을 수 없도록 하고, 상대 말을 다 따먹거나 3개가 안 되게 막으면 이기는 것이다. '자전거 고누'는 4개씩 갖고 두다가 외곽의 바퀴를 돌아 걸리는 말을 따내는데 상대방의 말을 다 따먹어야 이기는 놀이다.

수학적으로는 말판의 모양이 원과 사각형의 조합이므로 도형의 감각이 길러지며, 말을 가지고 여러 경우의 수를 생각하게 하므로 문제해결력, 순발력, 추론 등의 개념이 발달한다. 따라서 신체활동을 통한 인지능력의 향상을 꾀할 수 있으며 협동놀이이므로 사회성발달에도 유익하다.

2 고무줄놀이(함박누리, 2009)

고무줄놀이는 일제 강점기에서 벗어나 해방 후 널리 퍼진 놀이로써, 고무줄과 빈터만 있으면 여아들이 즐겨했던 놀이로 '한 줄 고무줄놀이', '두 줄 고무줄놀이', '세 줄 고무줄놀이'가 있다. 이 놀이는 여아들이 '아버지는 나귀타고 장에 가시고'라던가 '퐁당퐁당 돌을 던지자' 같은 동요를 부르면서 하던 놀이였다.

한 줄 고무줄놀이는 두 명이 고무줄을 잡고서 한 명씩 차례로 발목부터 시작하여 무릎, 허벅지, 배꼽, 가슴, 귀, 머리 위, 머리 보다 한 뼘 위까지 고무줄의 높이를 높여가면서 하는 놀이이다. 키가 닿지 않을 때는 물구나무서기로 고무줄을 걸기도 하며 끝까지 다 해내면 한 동을 한 것으로 치고 다시 처음으로 돌아간다.

두 줄 고무줄놀이는 고무줄 두 개의 양끝을 묶어서 두 사람이 서서 기차모양을 만들어 놓으면 한 사람이 그 사이에 들어가서 하는 것으로 한 줄 고무줄놀이보다 에너지가 많이 소모되는 뛰기놀이이다.

그림 11-2 고무줄놀이

세 줄 고무줄놀이는 4명 이상이 모였을 때 두 줄 고무줄놀이처럼 고무줄을 묶은 후 삼각형 모양이 되도록 3명이 몸에 걸고 하는 놀이다. 고무줄을 뛰는 사람은 세 사람 사이를 차례로 계속 뛰어야 하므로 꽤 역동적인 뜀뛰기놀이다.

이 놀이는 인원수에 따라서 한 줄, 두 줄, 세 줄을 선택하여 놀이를 택하므로 조합의 개념과 문제해결력이 길러지며, 노래를 부르면서 하는 신체활동으로 음률감각이 자라고, 사회성발달을 촉진한다.

3 공기놀이(유안진, 2015; 최혜순, 양은호, 2010)

5~6살 유아들의 놀이 '공기받기'의 공기알은 강변이나 마을에서 밤알만한 돌을 줍거나, 깨진 기왓장 조각을 밤알만한 크기로 다듬고 갈아서 만들며, 5개의 공기알을 공중에 띄워 올리고 손으로 받아내는 놀이이다. 후에 30~40개 공기알을 사용하는 놀이로 발전하기도 했다. 이 놀이의 명칭은 지역마다 다르다. 경북에서는 '짜게받기', 경남은 '살구', 전남은 '닷짝걸이', 황해도는 '조개질'이라 부른다.

'5개 공기알 받기'는 2인 이상의 아동이 마주 앉아서 오른손으로 한 알의 공기를 공중으로 띄워 올리고 나머지 4알을 아래로 떨어뜨린 후에 위에 올린 공기알이 땅에 떨어지기 전에 재빨리 땅에 있는 4알 중 한 알을 집고, 다시 그 손으로 위에서 떨어지는 한 알의 공기알을 받는 놀이다. 맨 처음에는 한 알씩 공기알을 4회에 걸쳐서 받고, 다음에는 2알씩 2회에 걸쳐서 받고 그 다음엔 한 번에 3알을 잡고 나머지 한 알을 잡는다. 마지막에는 4알을 한꺼번에 다 집으면서 위에 띄운 한 알을 받는 동작이다.

4단계 동작을 다 마치면 손바닥에 공기알 5개를 놓고서 손바닥을 뒤

집으면서 손등에 공기알이 놓이도록 한 후에 손으로 꺾기를 하는데, 올려 있는 것을 모두 잡아야만 공기알의 개수만큼을 획득하는 것이다. 1알을 꺾으면 1년, 2알을 꺾으면 2년이라고 말하며 최대 5년까지 꺾을 수 있다. 이때 중간에 공기알을 집으면서 동작이 틀리면 상대편에게 넘기면서 놀이를 계속하며 차례가 돌아오면 틀렸던 단계부터 다시 시작을 한다. 필자의 경우, 서울에서는 게임을 하기 전 50년을 목표로 할 것인지, 100년을 목표로 할 것인지 서로 약속을 하고 시작하는 것이 관례였다.

그림 11-3 공기놀이

유아수학에서 수개념 발달을 위해 많이 연습하는 '5의 가르기', 즉 1과 4, 2와 2, 1과 3 등으로 가르기가 익숙하게 되는 놀이다. 이러한 가르기는 덧셈과 뺄셈의 연산을 잘 하게 되며 수 개념과 규칙을 통한 패턴 인식으로 연결된다. 한편, 교육적 효과로는 민첩성과 침착성이 길러지고, 손과 눈의 협응, 사회성과 규칙준수의 태도가 함양되며 손과 손가락의 소근육과 조작기능이 발달한다.

4 구슬치기(함박누리, 2013)

마당에 막대기를 헤집은 후 발뒤꿈치를 대고 빙 돌아 구멍을 만들어 나가며 열십자 모양으로 11개를 만든다. 첫째 줄은 1개, 둘째 줄은 2개, 셋째 줄은 5개, 넷째 줄은 2개, 다섯째 줄은 1개를 만들고, 줄 사이의 간격은 보통 한 걸음으로, 다섯째 줄은 꼭대기라서 두 걸음의 거리로 간격을 둔다. 손가락에 힘을 주고, 한쪽 눈은 실눈을 만들면서 땅바닥에 무릎을 꿇고 앉아서 초점을 맞추어 구멍에 구슬을 넣는 게임이다. 구슬을 구멍에 들어가도록 넣던가, 상대편 구슬을 맞추면 따게 되는 놀이이다. 침착성과 집중력, 측정감각과 문제해결력을 기를 수 있다.

그림 11-4 구슬치기

5 그림자놀이(유안진, 2015)

그림 11-5 그림자놀이

그림자놀이는 주로 겨울철 밤에 방안에 모여 손과 손가락으로 개, 소, 닭 등의 가축모양을 만드는 놀이이다. 원래는 햇볕이 잘 나는 대낮에 마당에서 아동들이 서로의 그림자를 밟지 않으려는 '그림자밟기'라는 단순한 놀이였는데, 후에 손과 손가락을 조작하여 가축의 모양을 그림자로 만들면서 입으로 가축의 소리까지 흉내를 내도록 발전한 것이다.

이 놀이는 도형과 공간개념을 발달시키며, 손과 손가락의 조작기능, 아이디어와 언어 유창성의 발달에 효과적인 놀이이다.

6 딱지치기(함박누리, 2013)

딱지를 만드는 방법은 빳빳한 종이를 기다란 직사각형 모양으로 잘라서 두 장을 가로세로로 포갠 후, 시계방향과 같은 방향으로 접어나간다. 정사각형의 딱지를 접으려면 포개지는 면과 접는 면이 셋으로 똑같이 나누어지도록 한다. 정사각형 딱지가 좋은 점은 구멍이 안 생겨서 다른 딱지로 쳤을 때 잘 안 넘어가는 장점이 있다. 딱지놀이는 둘이서 해도 좋고, 세 명이 돌아가면서 해도 좋다. 땅에 금을 긋고 서너 걸음 떨어진 곳에 삼각형 모양으로 과녁을 그려 넣은 후 그 안에 놓인 딱지를 선을 그은 금에서 딱지로 쳐서 밖으로 나오게 되면 이기는 놀이다. 원래 딱지의 재료는 종이였지만 종이가 귀한 시절에 아동들은 박스나 비닐포대로도 딱지를 만들었다고 한다. 직사각형 종이로 정사각형 딱지를 만드는 작업은 기하도형의 감각을 기르고, 측정개념이 발달하고 집중력 등을 기른다.

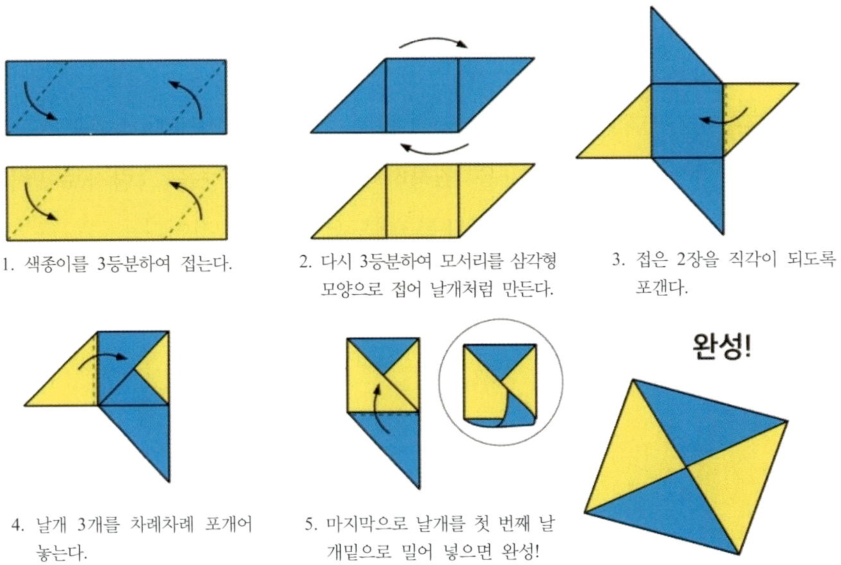

그림 11-6 색종이 2장으로 딱지 만들기

그림 11-7 딱지치기

7 땅따먹기(유안진, 2015; 최혜순, 양은호, 2010)

땅따먹기는 '땅뺏기'라고도 부르는데 이른 봄부터 초겨울까지 좁은 공간에서 놀 수 있는 놀이로 처음에는 남녀 아동이 함께 즐겼으나 점차 여아놀이로 정착되었다. 놀이의 규칙은 맨 처음, 커다랗게 사각형이나 원을 땅바닥에 그은 후에, 2~4명이 자기 집을 정한다. 사각형의 땅일 때는 꼭지점을 자기 집으로 정하므로 2명이나 4명이 할 수 있으며, 3명이 할 때는 원모양으로 금을 긋고 세 점을 선택하여 집으로 정한다. 바로 그 집이 땅뺏기의 기점이 되며, 가위 바위 보로 이긴 자가 자기 집에서 땅을 넓혀 나가는데 집의 바깥 선에서 왼손 엄지손가락을 대고 가장 긴 중지로 반원을 그리며 금을 그어 금 안의 땅을 차지한다. 가장 넓은 땅을 빼앗은 편이 승리하는 놀이이다.

그림 11-8 땅따먹기하는 모습

돌멩이를 말(또는 목자)로 삼아 오른손 엄지와 검지로 말(목자)을 튕겨서 상대편의 말을 맞춰 한 뼘씩 재어 먹는 방법도 있다. 이 때 한 번에 상대편의 말을 맞추면 세 뼘, 두 번으로 맞추면 두 뼘, 세 번으로 맞추면 한 뼘을 재어 먹는다. 이런 규칙은 아동들이 놀이 전에 합의한다. 전통 농경사회에서 토지를 소유하고 싶었던 개념이 아동의 놀이에 나타난 것으로 본다. 놀이규칙을 다양하게 정할 수 있는 수준은 도덕성이 자율적으로 이미 발달했음을 입증하는 단계이다. 이 놀이는 손을 컴퍼스처럼 사용하므로 도형감각과 거리의 측정감각이 발달하며 손가락의 조작기능, 사회성과 도덕성을 함양시킨다.

8 봉사놀이(유안진, 2015)

남녀 구별 없이 즐겼던 집단 놀이이다. 도구는 한복바지의 대님이나 허리띠, 목도리, 여아들의 댕기, 손수건 등의 소지품으로 술래의 눈을 가리고 뒤로 묶은 후 눈을 가리지 않은 친구들이 손뼉을 치며 달아나면 소리가 나는 쪽으로 더듬어가다 한 친구를 붙잡으면 술래역할을 넘기는 놀이다. 시각이 아닌 청각에 의존하여 친구를 잡은 후에는 몸을 만지거나 웃음소리 등으로 친구가 누구인지 판단하기 때문에 추리력과 문제해결력, 사고력발달에 유익하다. 이 놀이는 아동의 연령이 증가함에 따라 주먹 속에 조약돌이나 콩, 팥같은 곡식낱알, 풀잎파리 등을 넣고 아주 조금씩 힌트를 주면서 알아맞히는 놀이로 변형되면서 발전해갔다.

힌트는 모양의 일부분만 보여주기, 이름의 첫 자나 끝 자 알려주기, 종류나 냄새만 알려주기 등으로 마치 스무고개놀이처럼 숨겨진 것의 이름을 알아맞히도록 했다. 또한 부분을 보고 전체를 알아맞히므로 추론능력이 발달하고 문제해결을 위한 표정, 눈짓, 언어, 소리, 인상 등의 정보를 수집하여 분석하고 종합하는 지적능력의 발달을 촉진하는 놀이이다.

9 비석치기(비석놀이)

(유안진, 2015; 이은화, 홍용희, 조경자, 엄정애, 2001; 최혜순, 이은호, 2010)

비석치기는 '비석놀이'라고도 부르는데 별다른 도구 없이 굴러다니는 돌만 있으면 재미있게 즐길 수 있는 남아들의 놀이이다. 두 편으로 갈라서 3~4m의 거리를 두고 두 줄을 긋고, 한 줄엔 상대방이 제각기 말(막대나 돌)을 비석처럼 늘어놓는다. 다른 편은 다른 줄 뒤편에 서서 자신들의 말을 손으로 던지거나 발로 차거나 신체의 일부를 이용해 말을 운반하여 상대방의 말에 최대한 접근하여 맞추어 쓰러뜨리는 놀이이다.

처음엔 손으로 맞추고, 다음엔 한 발, 두 발, 세 발에 말을 밟은 후에 집어서 던지면서 맞춘다. 그 다음엔 발끝으로 하기도 하고, 발등에 올려놓은 후에 운반하기도 하고, 무릎, 사타구니, 배, 어깨, 이마, 정수리에 올려놓아 말이 떨어지지 않도록 운반하여 상대편의 말을 쓰러뜨리기도 한다.

그림 11-9 비석치기하는 모습

비석치기에서 주의할 점은 자신의 말을 떨어뜨리는 것, 상대방의 말을 쓰러뜨리거나 순서를 어기는 것, 금을 밟는 것, 상대편의 말에 몸의 일부가 닿으면 모두 실격이 된다는 것이다. 이와 같이 정해진 순서를 먼저 끝내는 아동이 승리를 하는 것으로 놀이에 진 아동은 벌로 이긴 아동이 원하는 것을 해주어야 한다. 이 놀이는 조선시대 양반계급이 가질 수 있었던 비석을 대상으로 서민들의 억눌린 감정이 표출된 놀이라고도 하며, 석전(石戰)이 어린이 놀이로 변형된 것으로 보는 견해도 있다.

수학적으로는 놀이에 적절한 3~4m의 거리를 정하고 선을 긋고 말을 준비하므로 측정에 대한 개념과 신체의 부위를 차례차례 사용하여 상대편의 말을 쓰러뜨리므로 문제해결력과 규칙에 대한 패턴인식이 발달한다. 또한 신체를 손과 발부터 시작하여 차례로 머리까지 말을 운반하므로 신체의 소근육과 대근육의 동작과 멈춤에 대한 집중력이 발달하고, 규칙준수의 태도가 함양된다.

10 사방치기(유안진, 2015)

그림 11-10 사방치기

사방치기는 땅따먹기의 변형된 놀이로 남녀아동이 함께 즐겼으나 후에 여아들의 놀이로 정착되었다. '말차기' 또는 '먹자놀이'라고도 불린다. 이 놀이는 운동장이나 평평한 마당에 가로 1m, 세로 3m 정도의 직사각형 모양으로 금을 긋고, 10개의 칸을 만들어 1이 쓰인 왼쪽 첫 칸부터 출발하여 오른 발을 들고 왼발로 한 칸씩 차면서 10개 칸을 다 돌아야 한다. 이 때 말이 금에 닿지 않고 칸 안에 들어가도록 차야 하고, 발은 금을 밟거나 나가면 안 된다. 한 바퀴를 다 돌면 다음엔 2가 쓰인 두 번째 칸부터 출발하고, 그 다음엔 3번에서... 이런 순서로 놀이를 하는데 마지막 칸까지 먼저 끝내는 사람이 이기는 것이다.

유안진(2015)의 연구에 의하면 사방치기의 도형은 5칸, 8칸, 10칸, .. 27칸까지 있는데 유독 전남지방의 경우는 타지방에서는 모르는 16가지가 더 있다.

수학적으로는 땅바닥에 그리는 도형의 패턴이 다양하므로 도형의 변환과 1부터 숫자를 쓰는 방법도 여러 가지이므로 자연스레 순열과 조합의 감각이 생기며, 오른발을 들고 왼발로 하므로 몸의 균형을 잡아주는 신체활동으로 순발력과 무게중심을 바르게 잡아준다. 그림 11-11과 그림 11-12는 전남지방의 독특한 사방치기 놀이판인데 그림 11-10에 숫자를 한자로 쓴 것은 중국에서 유입된 것으로 추정된다.

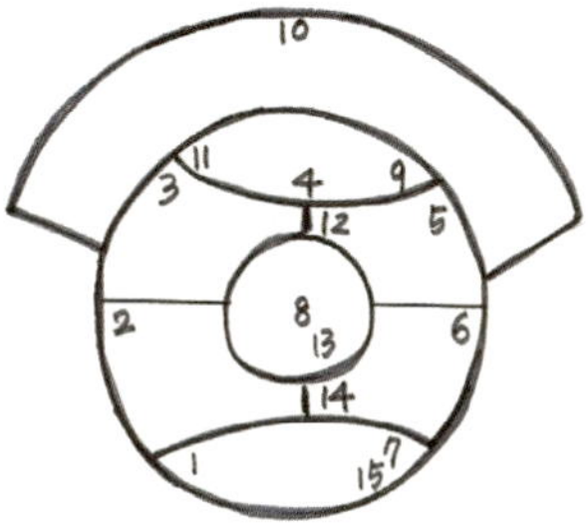

그림 11-11 전남의 사방치기 놀이판1

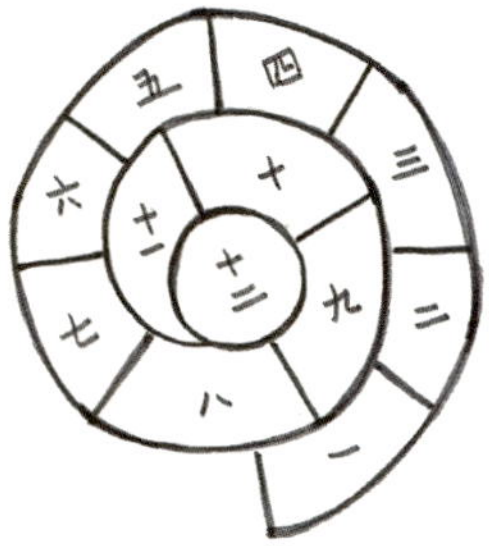

그림 11-12 전남의 사방치기 놀이판2

11 실뜨기(함박누리, 2013)

실뜨기는 여자아이들이 바느질을 배우기 전에 실과 친해질 수 있는 놀이이다. 아메리카, 아프리카, 오스트레일리아, 폴리네시아 원주민들도 많이 하던 놀이로 전래된 실뜨기의 가짓수는 수천 가지가 넘는다고 한다.

놀이의 도구는 두 팔을 크게 벌린 길이보다 약간 긴 실만 있으면 된다. 실의 양끝을 단단히 묶은 후, 두 손에 걸고 두 사람이 번갈아 실을 걸어서 내리거나 걸어서 올려 뜨면 여러 가지 모양이 연출된다. '날틀', '쟁반', '젓가락', '방석' 등의 모양이 만들어진다. 흥미로운 것은 날틀에서 쟁반으로 또는 젓가락이나 방석으로 도형의 변환이 가능한 점이다.

이 때 실이 너무 가늘면 엉키기 쉬우므로 튼튼한 무명실이 좋다. 가느다란 명주실은 놀이하기에도 불편하지만 어른들이 귀하게 여기므로 아이

그림 11-13 실뜨기

들에게 내주지 않는다. 호기심 많은 개구쟁이들이 어른들 몰래 해보려면 엉켜서 놀이를 망치게 되는 법이다. 마지막으로 '톱질뜨기'를 만들면 두 손에 걸린 실을 엇갈리게 당겼다 밀었다 하니까 정적인 도형이 역동적인 도형으로 바뀌는 것으로 도형의 감각과 공간개념이 발달한다.

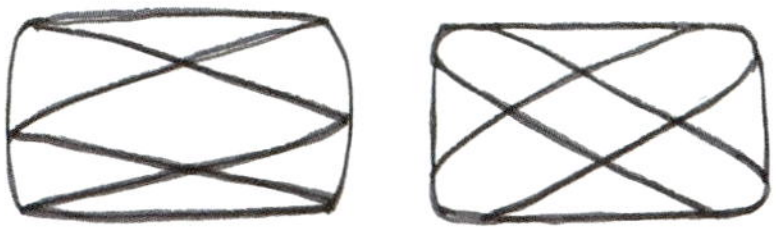

그림 11-14 날틀과 쟁반

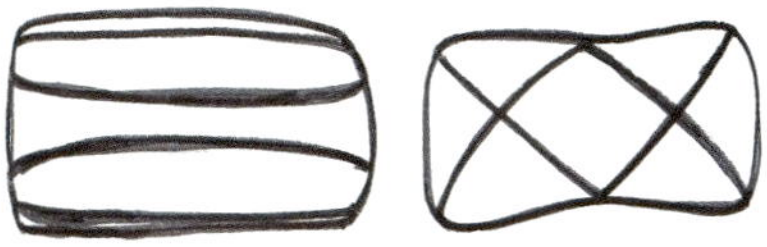

그림 11-15 젓가락과 방석

12 윷놀이(유안진, 2015; 문미옥, 손정인, 2013)

전통놀이 중 오늘날까지 남녀노소 구별 없이 어린이와 노인들이 함께 즐길 수 있는 놀이는 단연 윷놀이가 으뜸이다. 놀이공간은 방이나 마당,

동네 광장 등 융통성 있게 정할 수 있다.

이 놀이에 참가할 수 있는 인원수는 2명에서부터 30명까지 팀을 구성해서 할 수 있다. 윷놀이 이름의 윷(柶)은 4개의 나무라는 뜻이며 윷판은 사각형 또는 원형에 5개의 큰 점을 중심으로 작은 점 24개를 배열하여 만든다. 마치 수학의 좌표평면을 만들 듯이. 5개의 큰 점은 우주의 중심별을 상징하며, 2사분면은 앞밭(上田, 봄), 3사분면은 뒷밭(後田, 여름), 4사분면은 쨀밭(찢겨나가는 밭, 가을), 1사분면은 날밭(나가는 밭, 겨울)을 의미한다. 농경사회에서 만들어진 놀이이므로 놀이판의 구획을 밭으로 부르는 것은 당연한 논리다.

윷놀이의 윷은 아동이 할 때는 어린이 손 길이만한 작은 윷을 사용했고, 성인들이 할 때는 어른 손 길이만한 나무토막을 다듬어서 사용했다. 놀이규칙은 너무 잘 알려졌으므로 여기서는 생략한다. 요즘은 4개의 말을 가지고 게임을 하지만 과거에는 3개를 사용했으며, 입구인 도에서 출발하여 돌아서 출구까지 나오면 1동(한동)이 났다고 말하며 석동을 먼저 나는 팀이 이기는 것이다. 윷말은 도(豚), 개(犬), 걸(羊), 윷(牛), 모(馬)를 의미하며 가장 느린 돼지부터 가장 빠른 말까지 빠르기의 순서를 점수화한 것이다.

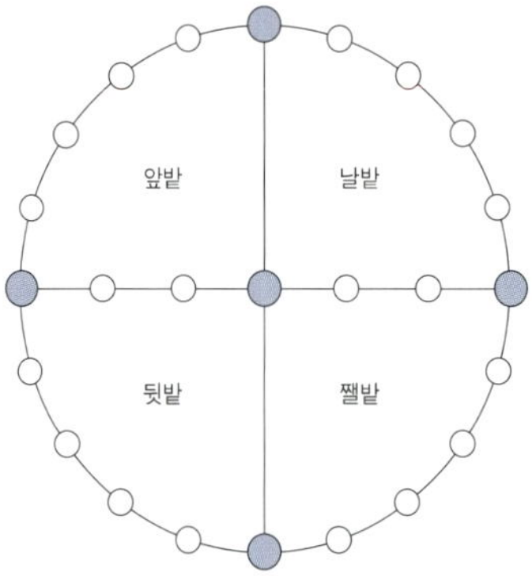

그림 11-16 윷놀이 판의 유래

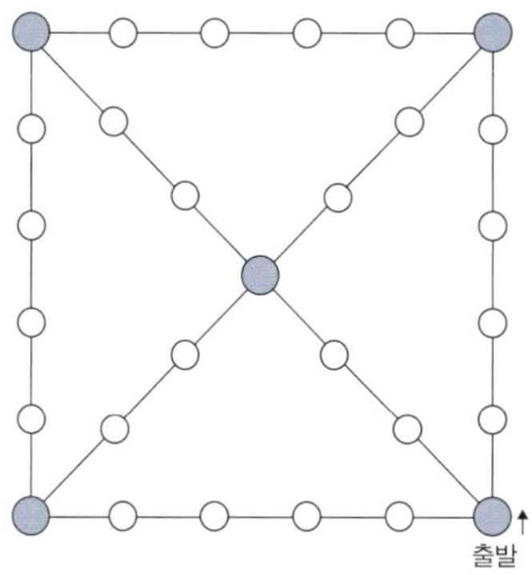

그림 11-17 대중적인 윷놀이 판

그림 11-18 윷놀이

놀이의 규칙을 지키면서 입구에서 출구까지 최단거리를 지나야 이기게 되므로 전략이 필요하다. 따라서 아동은 규칙을 지키면서 형, 아우, 어른들과 함께 하는 놀이이므로 사회성이 발달하게 되고, 전략을 세우는 데 필요한 기억력과 조합능력 등이 요구되므로 고도의 인지능력이 향상되는 놀이이다.

13 자치기(유안진, 2015)

자치기는 비교적 넓은 공간이 필요하므로 가을걷이를 한 후에 빈 논밭이나 넓은 마당에서 주로 남아들이 즐겼던 놀이이다. 놀이도구로 어미자와 새끼자가 필요한데, 어미자는 아동의 한 팔 길이 정도의 매끈한 나무로 정하고, 새끼자는 어미자의 절반 길이의 작은 토막으로 정한다.

놀이규칙은 새끼자를 왼손에 가로로 들고 어미자는 오른손에 세로로 들고 어미자로 새끼자를 힘을 주어 앞으로 친다. 새끼자를 더 멀리 보내는 자가 이기는 것으로 2인 이상의 아동이 같은 지점에서 차례로 서서

그림 11-19 자치기

한 후에 새끼자가 떨어져 내린 거리나 올라간 공중의 높이를 눈대중으로 어림하여 결정했으며, 반대편에서 노는 아동의 눈을 다칠 염려가 있었으므로 어른들의 주의를 듣곤 했다고 한다. 이 놀이는 손과 눈의 협응과 신체동작이 훈련되고, 사회성을 기르며, 어미자와 새끼자의 길이, 누가 더 멀리 쳤는지를 어림으로 측정하는 거리개념을 발달시킨다.

14 칠교놀이(계영희, 강호, 2007; 김상윤, 2005)

칠교판은 정사각형을 잘라서 만든 직각이등변 삼각형, 정사각형, 평행사변형으로 구성된 7개의 조각모음이다. 이 조각을 가지고 교묘한 여러 모양이 담긴 칠교도(七巧圖)를 보고 그림을 맞추는 놀이로, '칠교'라는 단어는 약 2,600년 전 중국 주나라 때 처음 사용된 것으로 전해진다. 손님이 왔을 때 음식을 준비하는 동안, 사람을 기다리는 동안에 지루함을 덜기 위해 어른들도 사용하므로 유객판(留客板) 또는 유객도(留客圖)라고 불린다.

칠교판 뛰어가는 사람

그림 11-20 칠교판과 뛰어가는 사람

서양에는 중국 당나라 때 전해져서 탱그램(tangram)으로 불렀다. 동서양을 합하여 일곱 개 조각인 칠교판으로 만들 수 있는 도형은 무려 1,600가지라고 한다.

우리나라의 경우 조선시대 한글을 창제한 세종대왕이 어린 시절 왕세자 때 칠교판을 가지고 놀면서 한글 창제의 아이디어를 얻었다고 주장하는 학자도 있다. 고신대학교 유아교육과 명예교수인 김상윤 박사는 수십 년 전 이 가설을 발표한 바 있으며 현재 칠교판을 창의성 검사도구로 사용하고 있다(김상윤, 2005).

칠교놀이의 서적이 1805년 독일에 처음 소개된 이후 유럽 여러 나라와 미국으로 퍼져나가기 시작했다. 문헌에 의하면 프랑스의 나폴레옹이 유배생활에 즐겼다는 기록도 있고, 미국의 소설가 애드가 알랜 포우는 광적으로 이 놀이를 즐겼다고 한다.

최근에는 칠교판이 문제해결력과 창의성교육(Klahr, 1981) 등에 활용되고 있으며 자발적 동기를 유발하며 수업과 과제의 집중력을 기른다고 말한다. 우리나라에서는 1980년초부터 초등학교 수학교과서에 소개되었으며, 노정학(1987)은 기하적 공간능력과 문제 해결력신장에 적합한 교구라고 했다. 김상윤(2005)은 칠교판을 창의성 검사도구로 사용되는 이유는 칠교놀이가 도형의 유창성과 유연성 등 분석과 종합이란 창의적 사고의 기능을 향상시키기 때문이라고 한다.

15 팽이치기(문미옥, 2012; 유안진, 2015; 최혜순, 양은호, 2010)

팽이는 세계 여러 나라에서 독립적이며 자생적으로 자연물에서 발생한 놀이라는 견해가 지배적이다. 그러나 우리의 전통팽이는 타 국가에 비해 소재와 유형, 놀이방식 등이 창의적이라고 말한다.

우리나라 팽이의 역사는 서기 720년 신라 경덕왕 19년에 쓰여진 일본의 『西記』에 고려로부터 전해져왔다는 기록이 있다. 경남과 전북에서는 '빵이', 경북은 '핑딩', 전남은 '빵돌이'라고 부른다. 놀이의 도구 팽이는 성인의 주먹크기 만한 나무토막을 원통형으로 다듬어서 윗면은 평면이고

그림 11-21 팽이치기

아랫면은 원뿔의 모양이 되도록 한 후에, 원뿔 끝에 못을 박아 잘 미끄러지게 한다. 아동의 한 팔 길이 정도의 막대기로 만든 '팽이채' 끝에는 가죽 끈, 노끈 등으로 끈을 달고, 팽이채로 팽이의 몸통을 때려 돌리는 놀이다. 팽이는 평평한 마당이나 얼음 위에서도 할 수 있으므로 계절에 구애받지 않고 할 수 있으며, 혼자서도 놀 수 있고, 승부를 가를 때는 팽이가 빠르게 오래 돌아가도록 하는 자가 잘하는 것이다.

팽이체로 팽이를 치지 않고 팽이 몸에 끈을 여러 번 감아서 갑자기 밖의 끈을 잡아당겨 돌리는 것도 있다. 이 밖에 '모팽이'로 불리는 팽이는 몸통이 원뿔형이 아니고 여섯 모로 깎은 것으로 각 모에 주사위처럼 1부터 6까지 숫자를 쓰고, 뿔의 끝에는 쇠못을 박아 만든다. 모팽이는 끈이나 팽이채를 사용하지 않고 손으로 돌린다. 모팽이로 승부를 가릴 때는 한번 손으로 돌려서 돌던 팽이가 멈추어 넘어진 모의 숫자로 판가름을 낸다. 교육적 효과는 수 개념과 숫자인식이 빨라지고, 원통과 원뿔의 도형감각이 발달한다.

16 투호놀이(함박누리, 2013)

중국에서 전해져 백제나 고구려에서부터 즐겨 했던 놀이라는 기록이 있다. 항아리에 화살을 던져 넣는 놀이로 조선시대에는 궁궐잔치 때에 흔히 즐겼다고 전해진다. 역사는 긴 놀이이지만 놀이방법은 조선시대 것만 전해지고 있다. 항아리를 놓고 화살 길이보다 두 배 반쯤 떨어진 곳에 서서 화살을 4개 던져 더 많이 넣는 쪽이 이기는 놀이이다. 퇴계 이황은 글을 배우러 오는 사람에게 투호를 시켜보았다고 전해지는데 이는 학문을 하는 사람은 몸이 건강해야 한다는 뜻이 있지만, 그만큼 투호 놀이가 많이 행해지며 사랑받았다는 것을 알 수 있다. 투호놀이는 화살의 수를 세

그림 11-22 투호놀이

어가며 수 연산 개념이 습득되고 거리를 가늠하여 화살을 던져 넣어야 함으로 측정 개념이 습득되며 손과 눈의 협응력 및 신체감각이 발달하게 된다.

참고문헌

강상희(2002). 발도르프 교육학의 기초 인지학 연구. 연세대학교 대학원 박사학위논문.

곽노의 · 김유미(2001). **유아의 두뇌발달**. 경기: 양서원.

계영희(2019). **계영희 교수의 명화와 함께 떠나는 수학사 여행**. 경기: 살림출판사.

_____(2003). **우리 아이 수학 가르치기**. 서울: 경문사.

_____(2006). **명화와 함께 떠나는 수학사 여행**. 경기: 살림출판사.

_____(2014). **주산, 월간 문화재사랑**. 서울: 문화재청.

_____(2010). 한국과 미국의 유치원 수학교육의 내용과 과정에 관한 비교. **한국수학사학회지**, 23(2), 123-140.

_____(2011). 유아수학교육에 대한 유아교사의 수학적 이해에 대한 탐색적 연구. **한국수학 교육학회 시리즈 A 수학교육**, 50(1), 119-128.

_____(2011). 유아교육의 철학적 기초: 고대 그리스와 로마의 유아교육. **한국수학사학회지**, 24(2), 45-61.

계영희 · 강호(2007). **정말 쉬운 수학책** 1: **수**. 경기: 살림출판사.

계영희 · 김진숙(1993). Van Hiele 이론에 근거한 초등학교 수학교육과정 기하영역의 범위와 계열의 타당성 고찰. **한국수학교육학회지 시리즈 A 수학교육**, 32(3), 70-88.

계영희 · 하연희 · 권미량(2018). 한국 아동의 전통놀이에 내재된 수학의 개념 분석. **한국수학사학회지**, 31(2), (2018. 4.) 93-108.

교육과학기술부(2013). **혼합연령(복식) 학급 교사용 지도서**.

교육과학기술부 · 보건복지부(2013). **3-5세 연령별 누리과정**.

김경미(2011). **유아 · 교사 그리고 교수가 행복한 유아수학교육**. 서울: 창지사.

김동일 · 조옥희(2011). **유아교육사상사**. 경기: 양서원.

김상윤(2004). 유아의 공간개념발달을 위한 칠교놀이의 효과. **아동연구**, 13, 87-111.

김상윤(2010). **아동발달**. 서울: 학지사.

김소향(2004). 수학 게임을 통한 유아의 수학적 지식, 수학적 과정기술, 수학적 태도에 대한 평가도구 개발 연구. 덕성여자대학교 대학원 박사학위논문.

김소향(2004). 게임을 통한 유아수학교육 평가도구. 덕성여자대학교 대학원 박사학위논문.

김지영(2005). NCTM의 수학 교육 내용기준에 근거한 유아수학능력평가도구. 원광대학교 대학원 박사학위논문.

김숙령(2000). **유아수학교육**. 서울: 학지사.

김은순(2000). 수학적 추론의 유형에 관한 연구. **교육논총**, 7, 89-138.

김용운(2013). **김용운의 수학사**. 경기: 살림출판사.

김용운 · 김용국(2007). **재미있는 수학여행** 1. 서울: 김영사.

___________(2008). **한국수학사**. 경기: 살림출판사.

_____________(2010). **수학사대전**. 서울: 경문사.

김용운·이소라(2009). **청소년을 위한 한국 수학사**. 경기: 살림출판사.

김응태·박한식·우정호(2007). **수학교육학개론**. 서울: 서울대학교출판부.

김창복·황정숙·김경철(2006). **유아수학교육**. 경기: 양서원.

김현정(2006). 수학활동 중심의 유아수학능력 진단검사. 한국교원대학교 박사학위논문.

나귀옥(2002). 만 4, 5세 유아의 수학적 표상활동이 비형식적 더하기 및 빼기에 미치는 영향. **미래유아교육학회지**, 9(3), 39-57.

______(2006). 유아 기하교육의 내용체계 개발을 위한 미국과 한국의 교육과정 분석. **미래유아교육학회지**, 13(3), 163-184.

나귀옥·김경희(2004). **유아수학교육의 이론과 실제**. 서울: 학지사.

류성림(1999). 수학교육에서 피아제와 비고츠키의 사회적 상호작용의 역할에 관한 고찰. **과학수학교육연구**, 22. 109-131.

문연심(2009). **영유아수학교육**. 경기: 양서원.

문연심(2010). **통합적 접근에 기초한 영유아 수학교육**. 경기: 양서원.

박형빈(2010). **수학은 생활이다**. 서울: 경문사.

박혜경·김영실·김진영·김소양(1999). 유아언어교육-이론과 실제-. 경기: 양서원.

박혜선(2005). 프로젝트 스펙트럼 중심 유아용 논리·수학적 지능 평가도구. 전북대학교 대학원 박사학위논문.

비비안 쾨닉(2009). **고대 그리스 어린이들은 어떻게 살았을까**(임미경 역). 경기: 주니어 김영사.

서지아(2006). 신체표현활동이 유아의 공간어휘능력에 미치는 영향. 중앙대학교 대학원 석사학위논문.

서현아 외(2014). **영유아 수학교육의 이해**. 서울: 창지사.

송명자(2005). **발달심리학**. 서울: 학지사.

신은수(1995). 3, 4, 5세 유아의 비형식적 더하기와 빼기의 수학능력 및 인지적 전략의 발달에 관한 연구. **유아교육연구**, 1591, 101-121.

엘른스트 슈베르트(2016). **맨손기하: 형태그리기에서 기하작도로**(푸른씨앗 번역팀 역). 경기: 푸른씨앗.

오만록(2011). **생활지도 및 상담**. 경기: 정민사.

윤기영 외(2012). **유아교육사상사**. 경기: 양서원.

이경우(1998). 수학교육을 위한 목록도서의 범주화 연구: 미국의 자료를 중심으로. **한국유아교육학회**, 15(1), 123-143.

이경우·홍혜경·신은수·진명희(1997). **유아 수학교육의 이론과 실제**. 서울: 창지사.

이경우(1997). **수학 교육을 위한 문학적 접근**. 서울: 다음세대.

이상구·함윤미(2009). Oswald Veblen이 미국수학계에 미친 영향과 한국에서의 의미. **한국수학사학회지**, 22(2), 27-52.

이선숙·양경숙(2007). **유아교육의 역사와 철학**. 서울: 청목출판사.

이성헌(1991). **수학교수법**. 서울: 교학사.

이용률 외 8인(1997). **초등수학교육론**. 서울: 경문사.

이윤경·이현순·장영희·정미라(1985). **피아제 이론에 따른 그룹게임**. 서울: 교문사.

이정욱·김은정·이소정(2007). 유아의 공간능력에 관한 연구 동향-1985년부터 2006년까지. **열린 유아교육연구**, 247-273.

이주한(2008). **교육의 역사와 철학의 탐구**. 서울: 창지사.

이지현(1999). 유아 수교육 내용 및 방법에 관한 문화 심리학적 고찰. **유아교육연구**, 19(1), 111-131.

이현미(2001). 5와 10을 기준으로 한 수 이해활동이 유아의 부분과 전체관계 이해에 미치는 영향. 덕성여자대학교 대학원 석사학위논문.

정석환(2012). **교육철학 및 교육사**. 서울: 동문사.

조복희·곽혜경·김암이·양연숙·장미자·한유미(1999). **과정이 살아 있는 창의성 프로그램**. 서울: 다음세대.

조성자(2008). **유아교육의 역사와 철학적 이해**. 서울: 창지사.

조윤동(2002). 비고츠키 이론의 수학 교육적 적용에 관한 연구. 한국교원대학교 대학원 석사학위 논문.

최재온(2005). Bruner 발견학습의 측면에서 본 수업의 실제-기하교육을 중심으로-. 아주대학교 교육대학원 석사학위 논문.

최혜순·양은호(2010). **한국의 전통육아**. 서울: 신정.

한국교육과정평가원(2014). PISA 2012 주요결과: 수학·읽기·과학·문제해결력.

한유미(2013). **유아수학교육**. 서울: 창지사.

홍혜경(1999). 유아의 공간능력 증진을 위한 교육과정 모색. **유아교육논문집**, 3(1), 119-138.

______(1999). 유아의 수 표상능력 발달에 대한 분석과 활용. **유아교육연구**, 19(2), 95-118.

______(2001). 유아의 기하학적 공간 이해에 관한 표상능력. **교육학연구**. 39(2), 81-98.

______(2001). 유아의 기하학적 구성물질의 그리기 작업에 대한 연구. **아동학회지**, 2292, 315-327.

______(2007). 유아의 기하도형 합성과 분할의 발달적 수준. **유아교육연구**, 27(6), 165-185.

______(2009). **유아 수학능력 발달과 교육**. 경기: 양서원.

홍혜경·김세루(2008). 유아의 기하능력과 도형의 합성 분할능력에 관한 연구. **유아교육연구**, 143.

홍혜경·김정아·차현화·김현·김현정·천혜경(2010). **부모와 함께 하는 일상생활 속 수학놀이**. 서울: 창지사.

홍혜경·이경희·정정희(2006). 유아수학능력검사. **유아교육연구**, 26(5).

황의명·조형숙·서동재(2014). **유아수학교육**. 경기: 정민사.

황정숙(1996). 수학 교수방법이 유아의 수학적 개념, 문제해결능력, 수학접근 태도에 미치는 영향. **유아교육학논집**, 1(1), 55-83.

황해익·최혜진(2007). **유아그림수학능력검사**. 경기: 양서원.

Aiken, L. R.(1970). Attitudes toward Mathematics. *Review of Educational Research*. *40*,

551-596.

Antell, S. E. & Keating, A. P.(1983). Perception of numerical invariance in neonates. *Child Development, 53*, 695-701.

Ausubel, D. P.(1968). *Educational Psychology: A cognitive view*. New York: Holt, Rinehart and Winston, Inc.

Atkinson, P. T., & Fleer, M.(1995). *Science with reason*. Portsmouth, NH: Heinemann.

Balfanz, R.(1999). Why do we teach young children so little mathematics?: Somehistorical considerations. In J. V. Copley(Ed.). *Mathematics in the early year*. Reston, VA: NCTM & NAEYC.

Baroody(1987). *Children's Mathematical Thinking*. NY: Teacher College.

Bezuk, N. S. & Clement, L. L.(2000). *Integrating the Principles and Standards for School Mathematics, 2000*. A Sampler, Ohio: Merrill Prentice Hall.

Bransford, B. & Cooking(1999). *How People Learn: Brain, Mind, Experience, and School*. Washington D. C.: National Academy Press.

Bredekamp, S., & Rosegrant, T.(1995). *Guidelines for appropriate assessment for planning instruction and communicating with parents*. Washington, DC: NAEYC.

Clement, D. H.(2000). Mathematics in the preschool. *Teaching Children Mathematics*, 7(5), 270-275.

Comenius(1957). *Orbis Sensualis Pictus*(김은권, 이경영 편역). **세계도회**. 서울: 교육과학사.

Colker, L.(2005). *The Cooking Book: Fostering Young Children's Learning and Delight*. National Association for the Education of Young Children, NW.

Cramer, K., & Karnowski, L.(1995). The Importance of Informal Language in Representing Mathematical Ideas, *Teaching Children Mathematics*, January, 332-335.

Cuevas, G. J., & Yeatts, K. L.(2001). *Navigating Through Algebra in Prekindergarten, Grade 2*. Reston, Verginia: NCTM.

Decker, C, A., & Decker, J. R.(2001). *Planning and administering early childhood programs, Upper Student River*. NJ: Prentice-Hall, Inc.

Fennell, F., Bamberger, H., Rowan, T., Sammons, K., & Suarez, A.(2000). *Connect to NCTM Standards 2000: Making the Standards Work at Kindergarten*. Chicago: Creative Publications.

Forston, L. R. & Reiff, J. C.(1995). *Early Childhood Curriculum: Open Structure for Integrative Learning*. Needham Heights, MA: Allyn & Bacon.

Geary, D. C.(1994). *Children's Mathematical Development*. Washington, DC: American Psychological Association.

Hachey, A.(2013). Early Childhood Mathematics Education: The Critical Issue is Change. *Early education and development, 24*(4).

Harte, S. W., & Glover, M. J.(1993). Estimation is Mathematical Thinking. *Arithematic Teacher,* October.

Harlan, J. D., & Rivkin, M. S.(2004). *Science Experiences for the Early Childhood Years: An Integrated Affective Approach*(8th ed.). Upper Saddle Rivers, NJ: Pearson Education, Inc.

Jung, M. & Conderman, G.(2013). Intentional Mathematics Teaching in Early Childhood Classrooms. *Childhood Education*, *89*(3).

Kaden, M.(1990). *Issues on computers and early childhood education. In C. Seefeldt*(Ed.). Cognitive issues in early childhood education (pp. 261-275). Columbus: Merrill.

Kennedy, L. M. & Tipps, S.(2000). *Guiding children's learning of mathematics*. Belmont, CA: Wadsworth.

Linder, S. M., Powers-Costello, B. & Stegelin, D. A.(2011). Mathematics in Early Childhood: Research-Based Rationale and Practical Strategies. *Early Childhood Education Journal*, *39*(1).

Menon R.(1996). Mathematical Communication Through Student-Constructed Questions, *Teaching Children Mathematics,* May, 530-532.

Mix, K. S., Huttenlocher, J. & Levine, S. C.(2002). *Quantitative development in infancy early childhood*. NY: Oxford Univ. Press.

Moon, Y. S.; Lee, H. Y.(2011). A Study on the Early Childhood Mathematics Teachers' Perceptions and Practices in Support of the Goals and Contents of Early Childhood Mathematics Education. *Asia-Pacific J. of Research in Early Childhood*, *5*(2).

Myren, C. L.(1996). Encouraging Young Children to Solve Problems Independently. *Teaching Children Mathematics*, October, 72-76.

NAEYC & NCTM(2002). *Early childhood mathematics: Promoting good beginning.* Washington D. C.: NAEYC.

NAEYC(1991). Guidelines for appropriate curriculum contents and assessment inprograms serving children ages 3 through 8. *Young Children, 30,* 21-38.

National Council of Teachers of Mathematics(2001). **대수와 함께하는 여행, 기하와 함께하는 여행**(박만구 · 방정숙 · 정인수 · 정인철 · 주미경 · 채정림 옮김, 2012). 서울: 경문사.

NCTM(1989). *Curriculum and Evaluation Standard for School Mathematics*. Washington, DC: NCTM.

NCTM(2000). Principles and recommendations for early childhood assessments. National Education Goals Panel.

NCTM(2000). *Principles and Standards for School Mathematics.* Reston. VA: NCTM.

Nelson, D. & Kirkpatrick, J.(1975). *Problem solving, Mathematics Learning in Early childhood In Payne*. J. M.(Ed), NCTM.

Piaget, J.(1952). *The construction of reality in the child.* New York: Basic Books.

________ & Inhelder, B.(1963). *The Child's Conception of Space.* London: Routledgeand Kegan Paul.

________(1965). *The child's concept of number.* New York: Norton.

Posamentier, A. S.(2000), *Making Pre-Algrbra Come Alive*, California: Corwin Press.

Sandman, R. S.(1980). The Mathematics Attitude Inventory: Instrument and User's Manual. *J. of Research in Mathematics Education. 20*(4), 338-355.

Saracho, O. N. & Spodek, B.(2008). History of mathematics in early childhood education. In O. N. Saracho & B. Spodek(Eds.). *Contemporary perspectives on mathematics in early childhood education.* Charotte, NC: Information AgePub.

Schwratz, S. L., & Robin N. F.(1982). *Designing Curriculum for Early Childhood,* Boston: Allyn & Bacom.

Smity, S. S.(2006). *Early childhood mathematics*(3rd ed.). Boston, MA: Pearson.

Souviney, R. J.(1993). *Learning to Teach Mathematics*(2nd). New York: Maxwell Macmillan International.

Starkey, P. & Cooper, R. G. Jr.(1980). Perception of number by human infants. *Science*, 210, 1033-1035.

Starkey, P.(1992). The early development of numerical reasoning. *Cognition, 43*, 3-126.

Steffe, L. P.(1992). Social-Cultural Approaches in Early Childhood Mathematics Education: A Discussion. *Mathematics Education Library, 16.*

Tishler, D. H.(1992). How to use children's literature to teach mathematics. Reston, VA: NCTM.

Tsamir, P. & Tirosh, D.(2011). Windows to early childhood mathematics teacher education. *Journal of Mathematics Teacher Education, 14*(2).

Tyler, R. W.(1949). *Basic Principles of Current and Instruction.* Chicago: University of Chicago Press.

Zvonkin, Alexander(2006). *Math for Little Ones.* 내 아이와 함께 한 수학일기(박병하 옮김, 2011). 서울: 양철북.

Zvonkin, Alexander(2011). Math from Three to Seven. MSRI of AMS.

참고사이트

http://00.edu-cdn.com/files/static/g/pcl_0001_0001_0_img0024.jpg

http://cbnu-id.wikispaces.com/file/view/%EB%B9%84%EA%B3%A0%EC%B8%A0%ED%8 2%A4.jpg/257894234/%EB%B9%84%EA%B3%A0%EC%B8%A0%ED%82%A4.jpg

http://cfs10.tistory.com/image/32/tistory/2009/08/17/14/03/4a88e493af561

http://gabe.or.kr/img/intro/set11.jpg

http://upload.wikimedia.org/wikipedia/commons/d/d3/Johann_Heinrich_Pestalozzi.jpg

http://upload.wikimedia.org/wikipedia/commons/thumb/8/82/Frederick-Froebel-Bardeen.jpeg/220px-Frederick-Froebel-Bardeen.jpeg

http://upload.wikimedia.org/wikipedia/commons/thumb/e/e7/Georg_Cantor2.jpg/300px-Georg_Cantor2.jpg

http://www.1st-art-gallery.com/thumbnail/192331/1/Portrait-Of-Sir-Isaac-Newton-1646-1727-1726.jpg? width=100%

http://www.apbspeakers.com/resources/largeimages/LG11375.jpg

http://www.epicurus.kr/files/attach/images/1915/173/387/279eb0fd6f4ff0878d901124943a 9187.jpg

http://www.jsmpreschool.co.za/wp-content/uploads/2013/08/Dr-Maria-Montessori.jpg

http://www.kmctimes.com/news/photo/200805/26691_12469_2552.jpg

http://www.kyosu.net/news/photo/201010/21539_7466_4838.jpg

http://www.nomadist.org/xe/files/attach/images/68/422/519/001/aa002f2f76ba1ad67e0387b 645e7cf94.jpg

http://www.science.go.kr

저자소개

계영희

현 고신대학교 유아교육과 명예교수, 한국수학교육학회 고문, 대한수학회 앰버서더

학력 이화여자대학교 수학과 이학사, 교육대학원 수학교육학석사
한양대학교 수학과 이학석사, 홍익대학교 수학과 이학박사

경력 한국수학사학회 부회장, 한국여성수리과학회 부회장 역임
교육부 수학과 교육과정 심의위원, 대한수학회 수학교육분과위원장 역임
EBS 유아프로그램 <수학이 야호> 자문

저서 「우리 아이 수학 가르치기」, 「명화와 함께 떠나는 수학사 여행」, 「수리수리 박사님의 수학미술관」, 「조화를 이루는 아름다움」, 「입체도형으로 수학왕이 된 앨리스」, 「꽃잎의 개수에 담긴 수열의 비밀」 외 다수

논문 한국과 미국의 유치원 수학교육의 내용과 과정에 관한 비교, 유아수학교육에 대한 유아교사의 수학적 이해에 대한 탐색적 연구, 만다라 색칠활동이 유아의 수학적 능력에 미치는 영향, 프랙털 조형활동이 유아의 수학적 능력에 미치는 영향, 한국 아동의 전통놀이에 내재된 수학의 개념 분석 외 다수

하연희

현 고신대학교 유아교육과 교수

학력 고신대학교 아동학과 학사, 유아교육학석사, 박사

경력 부산시 서구청 보육정책, 부산시 영도구 건강가정·다문화가족지원센터 조정위원회 위원, 부산시청 산림녹지과 민간위탁심의위원, 부산시청 유아숲교육지원위원회 위원

저서 「누리과정에 기초한 유아수학교육」, 「아동안전관리」, 「아동권리와 복지」, 「아동상담」 외 다수

논문 예비유아교사의 스마트폰 사용과 전두엽 기능 간의 관계연구, 우리나라 유아수학교육사 연구, 한국 아동의 전통놀이에 내재된 수학의 개념분석 외 다수

윤혜원

현 서일대학교 유아교육학과 교수

학력 이화여자대학교 대학원 문학석사, 경희대학교 대학원 박사수료

경력 구성주의유아교육학회 감사
동작구육아종합지원센터 운영위원회 위원

논문 구성주의 관점에서 본 스크래치주니어(ScratchJr)의 독특성 및 CTR 평가, 가상적 갈등상황 인성 그림자료 개발 연구, 뒤집힌 교실(Flipped Classroom) 기반 언어-수학의 융합 방향 외 다수

현혜정

현 대구과학대학교 유아교육과 교수

학력 계명대학교 교육대학원 교육학석사, 유아교육과 박사수료

경력 나비유치원, 사랑유치원, 중앙유치원 원장 역임
한국인권학회 이사, 대한학교폭력예방학회 이사

저서 「아동안전관리」, 「영유아 교사 인성론」, 「대학생을 위한 인성교육의 이해와 실제」, 「창의 인성 활동중심 동작교육의 실제」

논문 명화를 활용한 스토리텔링 인성교육 프로그램이 예비유아교사의 인성 및 창의적 인성에 미치는 영향, Development of on-line and off-line integrated children's creative cooking program utilizing cooking videos, 디즈니 애니메이션을 활용한 교육프로그램이 유아의 창의성 계발에 미치는 영향

유아수학교육

초판 1쇄 발행 / 2020년 2월 25일
초판 2쇄 발행 / 2021년 2월 28일

•

공저자 / 계영희·하연희
윤혜원·현혜정
발행인 / 이 중 수
발행처 / **동 문 사**

•

서울특별시 서대문구 홍제원 1길 12
(홍제동 137-8)
Tel : 02)736-3718(대), 736-3710, 3720
Fax : 02)736-3719
등록번호 : 1974.04.27. 제9-17호
가격 : 20,000원

•

ISBN : 979-11-6328-158-0(93370)
E-mail : dong736@naver.com
Homepage : www.dongmunsa.com

저자와의 합의하에 인지는 생략합니다.